Erläuterungen und Dokumente

Conrad Ferdinand Meyer
Das Amulett

W0215049

HERAUSGEGEBEN VON
HORST MARTIN

PHILIPP RECLAM JUN. STUTTGART

C. F. Meyers Novelle »Das Amulett« liegt unter Nr. 6943 in Reclams Universal-Bibliothek vor. Auf diese Ausgabe beziehen sich auch die Seitenverweise.

Universitätsbibliothek Salzburg
AUSGESCHIEDEN
Datum: - 5. Juni 2024

50.650 I
8140

Universitätsbibliothek

UB-SALZBURG
+DM49621003

Universal-Bibliothek Nr. 8140
Alle Rechte vorbehalten. © Philipp Reclam jun. Stuttgart 1977
Schrift: Linotype Garamond-Antiqua. Printed in Germany 1977
Herstellung: Reclam Stuttgart
ISBN 3-15-008140-8

77 : 8472

Inhalt

Universitätsbibliothek
Salzburg

I. Wort- und Sacherklärungen

Amulett: am Körper getragenes Abwehrmittel gegen Unheil, oft kleiner Anhänger mit Geheimzeichen und Inschriften; von lat. amoliri, ›abwenden‹. Im Deutschen seit dem 16. Jh., ›Artzney so man ann Hals henckt‹. – In den Dokumenten und bei Meyer frz. ›Amulet‹.

3,1 *Alte vergilbte Blätter:* Durch die Vorbemerkung wird die Fiktion des Objektiven und Chronikhaften erweckt, so daß der Autor hinter das Erzählte zurücktreten kann.

Erstes Kapitel

3,6 *Bieler See:* See bei Biel (frz. Bienne) am Rande des Jura im Kanton Bern.

Courtion: 10 km nordwestl. von Fribourg.

3,7 *Boccard:* Meyer wählte diesen Namen, nachdem er auf einer Seereise von Marseille nach Italien 1858 einen jungen Mann gleichen Namens kennengelernt hatte (vgl. Brief seiner Schwester Betsy an Caroline Meyer-Ott vom 25. 3. 1858 aus Rom).

3,8 *Halde:* Bergabhang; von ahd. halda.

3,8 f. *Münchweiler:* Ort im Kanton Bern, nordwestl. von Fribourg.

3,15 *abzumarkten:* abzuhandeln, den Preis zu drücken.

3,16 f. *Geldes benötigt war:* alte schweiz. Genitivkonstruktion.

3,18 *Generalstaaten:* seit 1464 eine von Herzog Philipp dem Guten von Burgund einberufene Versammlung der Abgeordneten aller niederländ. Provinzen. Die in der Utrechter Union von 1579 vereinigten Generalstaaten sagten sich von Spanien los und erklärten 1581 ihre Souveränität, die jedoch erst 1648 endgültig anerkannt wurde.

4,4 *Kontrakt:* Vertrag, Abmachung; von lat. contractus. Seit dem 15. Jh. in der Kanzleisprache.

4,10 *fieberischer:* heute ›fiebriger‹.

4,16 *Medaillon:* frz., flache Kapsel für ein Bildchen als Anhänger, auch Denkmünze.

4,17 *Einsiedeln:* Benediktinerstift Maria Einsiedeln in der

Gemeinde Einsiedeln im Kanton Schwyz. Das urspr. Stift wurde 934 über der Zelle des 861 ermordeten Einsiedlers Meinrad erbaut. – Als Marienwallfahrtsort ist das Stift 1314 urkundlich bezeugt. Im 16. Jh. war Einsiedeln ein Mittelpunkt der Gegenreformation in der Schweiz. Einer aus dem 15. Jh. stammenden hölzernen Madonna werden wundertätige Eigenschaften zugesprochen. – Die Barockgebäude in ihrer heutigen Form stammen aus den Jahren 1719 bis 1753.

4,17 f. *getriebener:* von treiben: Metall formen, hämmern.

4,21 f. *Dame von Einsiedeln:* Mutter Gottes (vgl. frz. Notre Dame).

4,23 *Ketzerei:* Abweichen von der herrschenden, bes. religiösen Meinung, hier: Protestantismus.

4,25 *die Rechtgläubigen:* hier: die Katholiken.

4,26 *Wilhelm:* Die Figur des Wilhelm Boccard trägt Züge von Meyers Schulfreund Conrad Nüscheler: »Sicherlich lieh ihm zum Boccard etliche Züge der ritterliche Freund Nüscheler, der, nachdem er ein begeisterter Katholik geworden, für seinen Freund in besten Treuen nichts Besseres als das Nämliche wußte, ihm auch einigemal anlag, sich an die Jungfrau Maria zu wenden« (Frey, S. 254).

4,36 *bekräftigte die Urkunde:* setzte das Siegel darauf.

Zweites Kapitel

5,21 *St. Quentin:* Stadt in Nordostfrankreich, Département Aisne. – Im Jahre 1557 wurde die von Admiral Coligny verteidigte Stadt von den span. Invasionsarmeen Philipps II. und ihren engl. Verbündeten belagert. Der Versuch, die Stadt von außerhalb zu befreien, endete im vernichtenden Untergang der zahlenmäßig und militärisch weit unterlegenen frz. Truppen. Coligny wurde gefangengenommen und auf zwei Jahre in die Niederlande gebracht, wo er sich zum Protestantismus bekehrte. Nach seiner Rückkehr wurde er Führer der frz. Hugenotten.

5,25 *Herzog Ulrich von Würtemberg* (1487–1550) warf im Jahre 1514 den durch überhöhte Steuern verursachten Bauernaufstand des ›Armen Konrad‹ nieder, wurde wegen der Ermordung seines Vetters Hans von Hutten und auf Grund seiner widerrechtlichen Eroberung der

Reichsstadt Reutlingen 1519 vom Schwäbischen Bund vertrieben. Hielt sich auf der Flucht kurze Zeit in der Schweiz auf, konnte jedoch nach seinem Übertritt zum Protestantismus und mit Hilfe des Protestanten Philipp II. von Hessen (Sieg bei Lauffen 1534) in sein Herzogtum zurückkehren, wo er die Reformation einführte. Seine schwache Position zwang ihn kurz vor seinem Tode, sich der Macht des Habsburgers Karl V. zu unterwerfen. Ulrich gründete u. a. das Stift zu Tübingen. – *Würtemberg*, Wirtemberg, alte Schreibweisen von ›Württemberg‹.

5,26 f. *Grafschaft Mümpelgard:* Mömpelgard, Montbéliard im frz. Département Doubs. Kam 1397 durch Heirat an Württemberg; 1676 bis 1679 unter frz. Herrschaft, 1801 von den Franzosen erneut besetzt und endgültig frz.

5,31 f. *nahm Dienst:* leistete Kriegsdienst für Frankreich.

5,32 *Pikardie:* frühere Provinz in Nordfrankreich, heute Dép. Somme (Hauptstadt Amiens) sowie Teile benachbarter Départements. Die Pikardie war jahrhundertelang Streitobjekt rivalisierender frz. und engl. Herrscherhäuser. Nach dem Tode Karls des Kühnen kam die Provinz 1477 endgültig an die frz. Krone. Fremde Eroberungsversuche in der Folgezeit konnten erfolgreich abgewehrt werden. – Im Mittelalter bildeten die Pikarden eine der vier ›Nationen‹ an der Universität von Paris.

6,2 *Ohm:* poet. für ›Oheim‹; ahd., mhd., wohl nur der Bruder der Mutter, heute allgem. durch das frz. ›Onkel‹ ersetzt. – Zur Figur des Onkels vgl. den Brief Meyers an Louise von François vom 8. April 1882: »Mein Schwiegervater, Oberst Ziegler hat seinen 84 Jahre alten Bruder, den Major Hans verloren, welcher Verlust ihm, da die Brüder Wand an Wand lebten, nahe geht. Es war eine äußerlich und innerlich sehr feine Persönlichkeit. In den neuen Auflagen des ›Amulet‹ (wo er mir zu dem Oheim Schadaus als Modell gedient hat) habe ich jetzt nach dem Tode des alten Herrn (der übrigens – er war ein Mystiker – höchst leicht und selig verstarb) die Ähnlichkeit etwas verstärkt. Ich war nämlich gerade mit den Correkturfahnen beschäftigt als die † Nachricht kam.« Vgl. hierzu auch Frey, S. 254 f.

6,10 *Zeit religiöser Erschütterung:* die Reformation.

6,13 *Offenbarung Johannis:* Die Apokalypse, letztes Buch des neuen Testaments, beschreibt die Zukunft des Reiches Gottes, die Vernichtung des Antichrists und die Wiederkehr Christi.

6,19 *entschlug:* enthielt sich; hier ›nahm nicht ein‹.

6,20 f. *des geistlichen Regiments:* von lat. und frz., ›Herrschaft‹, hier: der Kirche.

6,26 *Calvinist:* Anhänger der Lehre des Schweizer Reformators Johann Calvin (1509–64). Calvin wirkte als evangel. Prediger in Genf und führte dort mit Unterstützung der Regierung ein hartes kirchliches Regiment. – Der Calvinismus ist gekennzeichnet durch Opferwillen, Gemeinschaftssinn und das Bestreben, Gottes Gesetze im täglichen Leben zu verwirklichen, um durch harte Arbeit Gottes Gnade auf sich zu ziehen. Wichtigstes Merkmal des Calvinismus ist die sog. Prädestinationslehre: Gott hat durch einen göttlichen Ratschluß einige Menschen zur ewigen Seligkeit, andere zur ewigen Verdammnis bestimmt. Das Schicksal des Menschen ist vorherbestimmt. Der erfolgreiche Mensch darf aus seinem Erfolg schließen, daß er zu den Erwählten gehört. – Die Prädestinationslehre stützt sich bes. auf den Brief des Apostels Paulus an die Römer 8,28–30: »Wir wissen aber, daß denen, die Gott lieben, alle Dinge zum Guten dienen, nämlich denen, welche nach seiner Vorherbestimmung berufen sind. Denn die, welche er zuvor ersehen hat, die hat er auch im voraus dazu bestimmt, (einst) dem Bilde seines Sohnes gleichgestaltet zu werden [...]« Vgl. auch Röm. 9,16,18: »Demnach kommt es nicht auf jemandes Wollen oder Bemühen an, sondern auf Gottes Erbarmen. [...] Gott erbarmt sich, wessen er will, und verstockt auch, wenn er will.« Ebenso Joh. 6,65: »Niemand kann zu mir kommen, wenn es ihm nicht vom Vater verliehen ist.«

7,1 *sonder:* ohne.

7,5 f. *einen ... Falben:* von mhd. val, valwer, ›fahl‹, und falb: gelblich-grau; hier: ein Pferd dieser Farbe.

7,14 *das fahle Pferd:* Pferd aus der Apokalypse, vgl. Anm. zu 7,19 f.

7,19 f. *vier apokalyptischen Reiter:* Gestalten aus der Apokalypse, Offenbarung des Johannes 6,1–8, hier: »Als das Lamm [...] das vierte Siegel öffnete, hörte ich das vierte Lebewesen laut rufen: ›Komm!‹ Da sah ich hin und erblickte ein fahles Roß, und der auf ihm sitzende, der hieß ›der Tod‹, und das Totenreich bildete sein Gefolge; und es wurde ihnen die Macht über den vierten Teil der Erde gegeben, die Menschen durch das Schwert und Hunger, durch Pest und durch die wilden Tiere der Erde zu Tode zu bringen.«

7,25 *Genf:* Seit 1536 Republik. Genf befand sich zu jener Zeit in mehreren Kriegen mit Savoyen.

7,31 *Coligny:* Gaspard II. de Coligny, Seigneur de Châtillon (1519–72), frz. Admiral (seit 1553) unter Karl IX., während der Religionskriege Führer der Hugenotten. Coligny hatte sich noch 1555 dafür eingesetzt, in Brasilien eine Kolonie für die Hugenotten aufzubauen. 1560 forderte er für sie religiöse Toleranz und zog sich dadurch die Feindschaft der mächtigen Familie der Guisen, der Anhänger des kath. Herzogs Heinrich I. von Guise (1550 bis 1588) zu. Coligny wurde auf dessen Betreiben in der Bartholomäusnacht 1572 als erster ermordet.

7,32 *Nicht seine Siege:* »Viel gewonnene Schlachten hatte er nicht aufzuweisen, aber sein Ruhm war, daß er eine wiederholt überwältigte Heeresmacht stets zusammenhalten und nach jeder verlorenen Schlacht wieder stärker dazustehen wußte, als vorher« (Ludwig Häußer: Geschichte des Zeitalters der Reformation 1517–1648. Berlin 1868. S. 428).

7,37 *Alba:* Fernando Álvarez de Toledo, Herzog von Alba (1507–82), span. Feldherr Karls V. und Statthalter Philipps II. in den Niederlanden 1568 bis 1573. Seine Härte und Gewaltherrschaft (Hinrichtung Egmonts) führte zum Abfall der nördl. Provinzen unter Wilhelm von Oranien.

8,5 *Babylonerin:* Babylon war für die Juden der Inbegriff von Verderbtheit und Sittenlosigkeit (vgl. Offb. 16–18). Rom und Babylon werden hier gleichgesetzt.

8,10 *Handstreich Albas:* historisch (vgl. hierzu Louis Vulliemin: Geschichte der Eidgenossen während des 16. und 17. Jahrhunderts. Zürich 1844. S. 115 f.).

8,15 *Pazifikationsedikt:* Friedenserlaß; von lat. pacification, ›Friedensstiftung‹, sowie lat. edictum, ›öffentliche Bekanntmachung, Verordnung‹. – Meyer bezieht sich hier auf den Frieden von Saint-Germain-en-Laye von 1570, der den Hugenotten große Vorteile brachte.

8,16 *Hugenotten:* frz. Protestanten und Anhänger Calvins; von frz. Huguenot von schweiz. Eignot, Eidgenosse.

8,30 *Vesperbrot:* Mahlzeit am frühen Abend; von lat. vesper, ›Abend, Abendstern, Westen‹.

8,32 *ein Fremder:* Die Figur ist historisch und wird in verschiedenen Quellen (Michelet, Vulliemin u. a.) erwähnt. – Wie Boccard und der Ohm, so hat auch dieser Fremde persönliche Züge eines Bekannten Meyers: »Die Florettklingen [...] ließ [Meyer] nicht rosten, sondern führte sie als eifriger und gewandter Fechter [...]. Der Fechtmeister, der ihm die Feinheiten der eleganten Leibesübung beibrachte, figuriert im ›Amulet‹, ein zweifelhafter Geselle [...]« (Frey, S. 49).

9,4 *Stoßklinge:* Rapier, Stoßdegen.

9,5 *aus dem Fundament:* gründlich, von Grund auf.

9,13 *abmachte:* vereinbarte, (ein Geschäft) abschloß.

9,18 f. *er bekannte sich zu böhmischer Abkunft:* er stammte aus Böhmen.

9,22 *Stoß, Parade, Finte:* Fachausdrücke aus der Fechtsprache. *Stoß:* Angriffsbewegung beim Fechten. *Parade:* von lat., frz., ital., Abwehr eines feindlichen Stoßes mit der eigenen Waffe, im 15. Jh. ins Deutsche übernommen. *Finte:* Scheinangriff zur Verleitung des Gegners, sich eine Blöße zu geben; von lat. fi(n)cta, ›das fälschlich Vorgegebene, Erdichtete‹.

10,31 f. *Herzog Christoph:* Meyer fertigte unter der Überschrift »Die Zusammenkunft der Guisen mit dem Herzog Christoph v. Württemberg auf dem Schloß von Saverne« eine freie Übersetzung einiger Kapitel aus J. Michelet: Histoire de France au seizième siècle, Bd. 9 Guerres de religion, Paris 1856, an, jedoch besteht kein wesentlicher Zusammenhang zwischen diesem Text und dem »Amulett«.

11,14 *ein Pistol:* Pistole, einhändig gebrauchte Handfeuerwaffe, vgl. tschech. pištal, ›Pfeife‹, frz. le pistolet, ›Feuerwaffe‹.

11,37 *Republik Biel:* Die Republik Biel unterstand jahrhundertelang dem Bischof von Basel. Auch nachdem Biel im Jahre 1528 zum Protestantismus übergetreten war, wurde es nicht in die Eidgenossenschaft aufgenommen, war jedoch eng assoziiert. Biel wurde 1815 in den Kanton Bern eingegliedert.

12,9 f. *auf eine Nummer ... setzen:* fig., Ausdruck beim Glücksspiel.

12,16 f. *Dandelot:* auch d'Andelot, Franz von Coligny (1521–69), war wie sein Bruder Soldat und leidenschaftlicher Verteidiger des Protestantismus. Die hier erwähnte *Brautfahrt* ist ausführlich beschrieben bei Michelet, S. 329 f.

12,17 *weltkundige:* aller Welt bekannte.

12,19 *Flamme:* Geliebte, Angebetete.

12,20 *Guisen:* während der Religionskriege des 16. Jh.s eine mächtige kath. Familie, eine Seitenlinie des Hauses Lothringen. Vgl. auch Anm. zu 7,31.

12,22 *Drommetenschall:* Drommete, Trommete: Nebenformen zu Trompete.

12,33 *des Schultheißen:* urspr. ein von einem Höheren eingesetzter richterlicher und polizeilicher Beamter, später ein von der Gemeinde gewählter Vorsteher; von mhd. schultheize, frühnhd. Schultesse, Schulteß, (norddt. Form) Schulze, wörtlich ›Befehler der Verpflichtung‹.

12,34 *Spezereihändlers:* von ital. spezierie, ›Gewürzwaren‹.

13,19 *Cortaillod:* Wein aus der Gegend um Cortaillod, einer Gemeinde im Bezirk Bondry des schweiz. Kantons Neuenburg, etwa 10 km südwestl. von Neuenburg.

13,20 *Eidgenossen auf dem Rütli:* Das Rütli (= gerodetes Land) ist eine Bergwiese auf einer Terrasse am Westufer des Urner Sees im Kanton Uri. Der Sage nach soll hier im Jahre 1291 der Treueschwur der drei ersten schweizer. Eidgenossen stattgefunden haben, die sich daraufhin gegen die österreich. Herrschaft erhoben. Den Kern der Eidgenossenschaft bildet der Bund der drei Waldstätte (vgl. Anm. zu 13,25) Uri, Schwyz und Unterwalden, der 1309 als reichsunmittelbar anerkannt wird. Das Rütli gilt somit als Gründungsstätte der schweizer. Eidgenossenschaft, seit 1860 Nationalheiligtum. Vgl. auch den Rütlischwur in Schillers »Wilhelm Tell«.

13,23 *Untersucht einmal:* versteckter Hinweis auf die in der Mitte des 19. Jh.s aufkommende Kritik am Rütlischwur und an der Erhebung gegen Österreich sowie deren geschichtlicher Bedeutung. Vgl. hierzu in neuerer Zeit auch Max Frisch, »Wilhelm Tell für die Schule«.

13,25 *Waldstätte:* seit 1289 Bezeichnung der um den Vierwaldstätter See gelegenen Urkantone, die den Kern der Eidgenossenschaft bildeten. Im Jahre 1332 tritt Luzern hinzu.

13,33 f. *die Galle lief mir über:* Ausdruck für ›zornig sein‹, da nach weitverbreiteter Vorstellung bei Zorn der Gallensaft in Herz und Blut läuft.

14,1 *Wurf eines Glases:* ähnliche Szene, jedoch aus anderem Anlaß, schon bei Prosper Mérimée: Chronique du règne de Charles IX. Paris 1829.

14,7 *Mantelsack:* Reisesack für den Mantel, auch für Reiseproviant.

14,8 *beurlaubte:* verabschiedete.

Drittes Kapitel

14,16 f. *Freigrafschaft:* von frz. Franche-Comté, seit dem 12. Jh. für Burgund, dem Gebiet an der oberen Saône und am Doubs; seit 1493 habsburgisch, seit 1678 (Frieden von Nimwegen) frz. Das Gebiet der Freigrafschaft umfaßte die heutigen Départements Haute Saône, Doubs, Jura und einen Teil von Ain.

14,18 *Melun:* Stadt etwa 45 km südöstl. von Paris; heute Hauptstadt des Département Seine-et-Marne.

15,17 *Herr Parlamentrat:* wörtliche Übersetzung des frz. conseiller au parlement, ›(Rechts)Rat des Parlaments‹, welches vor der Revolution 1789 das höchste Gericht war. – Die Figur des Parlamentrats ist nicht historisch.

15,28 *Deutscher:* hier: Deutsch-Schweizer.

15,30 *Fryburg:* überwiegend kath. Stadt und Kanton Fribourg oder Freiburg, seit 1481 Mitglied der Eidgenossenschaft.

16,8 *Religionsfriede:* gewährte ungehinderte Religionsausübung der verschiedenen Konfessionen nebeneinander. Vgl. Anm. zu 8,15.

16,12 *Admirals:* Colignys, vgl. Anm. zu 7,31.

17,15 *Allerchristlichsten Majestät:* vom Papst verliehener Titel des Königs von Frankreich; von lat. rex Christianissimus.

17,15 f. *Milchmesse:* mit einem Fest verbundene Bestimmung des Anteils jedes Alpbauern am ›Mulchen‹; von alem. die Mulche, ›Milch zur Bereitung von Käse‹; alem. das Mulchen, ›Ertrag an Milcherzeugnissen‹.

17,16 *Plaffeyer Alpen:* Plaffeien liegt etwa 15 km südöstl. von Fribourg in den Freiburger Alpen. Hier bedeutet Alpen ›Sommerweide‹.

17,17 *die Kirchberge:* wohlhabende Berner Familie.

17,27 *Jarnac und Moncontour:* Jarnac an der Charente, in der Nähe Moncontour, zwei Schlachtorte aus dem dritten Hugenottenkrieg. – Bei Jarnac siegten im März 1569 kath. Truppen unter der Führung des Herzogs von Anjou über die von Condé geführten Hugenotten. Condé wurde gefangengenommen und erschossen. Im Oktober des gleichen Jahres siegten bei Moncontour die königlichen Heere unter dem Herzog von Anjou und dem Marschall de Tavannes über die Truppen Colignys.

18,7 *Servet:* Michael Servet (Servetus, Servedo, um 1511 bis 1553), span. Arzt und Theologe. – In seinem Werk »De Trinitatis erroribus libri vii« (1531) greift er die Lehre von der Trinität oder Heiligen Dreifaltigkeit (Dreieinigkeit) Gottes an und wird sowohl von kath. als auch von protest. Seite wegen seiner unorthodoxen Lehren gleichermaßen verdammt. Auf der Durchreise durch Genf wird er von Calvin verhaftet und wegen seines Angriffs auf dieses erste christl. Dogma 1553 als Ketzer verbrannt. – Servet gilt als Vorläufer der Lehre vom Blutkreislauf. U. a. veröffentlichte er auch eine Übersetzung der »Geographie« des Ptolemäus (vgl. Anm. zu 28,4 f.).

18,14 f. *ein calvinistischer Satz:* Vgl. Anm. zu 6,26.

19,32 *Papismus:* abschätzig für Papsttum.

20,4 *eine letzte Instanz:* die letzte Gerichtsbehörde, bei der Berufung gegen ein ergangenes Urteil eingelegt werden kann.

20,6 *Reliquien:* in der kath. Kirche Teil der irdischen Überreste (Asche, Gebeine) eines Heiligen. Die Reliquienverehrung wird von der protest. Kirche abgelehnt. Von lat. reliquiae, ›Zurückgelassenes, Überrest, Überbleibsel‹.

20,7 *der Schatten St. Petri:* Vgl. Bericht von der Krankenheilung durch den Schatten des Apostels Petrus in der Apostelgeschichte 5,14–16: »Und immer mehr kamen solche hinzu, die an den Herrn glaubten, ganze Scharen von Männern und Frauen; ja man brachte die Kranken sogar auf die Straßen hinaus und legte sie dort auf Betten und Bahren, damit, wenn Petrus käme, wenigstens sein Schatten auf den einen oder andern von ihnen fiele. Aber auch aus den rings um Jerusalem liegenden Ortschaften strömte die Bevölkerung zusammen und brachte Kranke und von unreinen Geistern Geplagte dorthin, die dann alle geheilt wurden.«

20,7 f. *die Schweißtüchlein St. Pauli:* Vgl. Apg. 19,11 f.: »Auch ungewöhnliche Wunder ließ Gott durch die Hände des Paulus geschehen, so daß man sogar Schweißtücher oder Schürzen, die er [bei der Arbeit] an seinem Leibe getragen hatte, zu den Kranken brachte, worauf dann die Krankheiten von ihnen wichen und die bösen Geister ausfuhren.«

20,11 *Mariendienst:* Verehrung der Muttergottes.

20,37 *Votivtafel:* der Kirche aus Dank gestiftetes Bildwerk, auf dem die Erfüllung einer Gebetsbitte dargestellt ist; von lat. votivus, ›versprochen, geweiht‹, lat. ex voto, ›auf Grund eines Gelübdes‹.

21,19 *Wams:* seit dem 15. Jh. eine enganliegende Männerjacke; von mhd. wambels, ›Kleidungsstück unter dem Panzer‹.

21,35 *Klausel:* einschränkender oder erweiternder Zusatz, Vorbehalt in Verträgen; von lat. clausula, ›Schluß, Schlußsatz‹.

22,7 *sich beurlaubend:* sich verabschiedend.

23,3 *Gasparde:* gebildet nach dem Vornamen des Admirals Coligny. Die Figur, Tochter des Dandelot, ist nicht historisch.

23,5 *Fürwort:* urspr. ›Ausrede, Ausflucht‹; seit dem 17. Jh. auch ›Fürsprache‹; als gramm. Begriff für Pronomen seit dem 18. Jh.

23,9 *flandrisch:* Adj. zu Flandern, ehem. Grafschaft an der Nordseeküste, westl. der Schelde.

23,11 *belagert:* hier ›bedrängt, belästigt, bestürmt‹.

23,23 *Dandelot:* Michelet schreibt, er sei ein »getreuer, feuriger Soldat mit einem reinen Herzen und Gewissen« gewesen (S. 180). An anderer Stelle nennt er ihn den »ehrlichen und würdigen Dandelot, der erste Soldat Frankreichs« (S. 386). Vgl. auch Anm. zu 12,16 f.

23,27 *Parteigenosse:* hier: Mitglied der hugenottischen Partei.

24,2 *Insel St. Louis:* Die Seineinseln Ile de la Cité und Ile St. Louis sind der älteste Teil von Paris.

Viertes Kapitel

24,8 *Tor St. Honoré:* Porte St. Honoré am Ende der Rue St. Honoré, 1732 zerstörtes Stadttor.

24,17 *Louvre:* urspr. Palast und Residenz der frz. Könige am Nordufer der Seine; heute Museum.

24,32–25,5 *Der Admiral ... in Israel:* Vgl. die Beschreibung Mérimées: »[Coligny] war sehr einfach und ganz in schwarz gekleidet. Er hatte eine gerade, jedoch ein wenig vorgebeugte Statur, und die Strapazen des Krieges hatten sich auf seiner kahlen Stirn [...] eingeprägt. Ein langer weißer Bart fiel auf seine Brust. Seine schon hohlen Wangen schienen durch eine Verwundung noch hohler zu sein. [...] Sein Gesichtsausdruck war eher traurig als ernst. [...] Er war Held und Heiliger zugleich.«

25,4 f. *Richter in Israel:* Die Geschichte der Richter, der Führer des israelit. Volkes nach der Besetzung Kanaans bis zum Königtum Sauls, wird im Alten Testament im Buch der Richter erzählt. Schon bei Michelet (S. 380) heißt es »dieser Kopf eines Richters in Israel«.

25,12 *der Feder mächtig:* des Schreibens mächtig, kundig.

25,15 *Kabinett:* Arbeits- und Beratungszimmer, kleines Gemach; seit dem 18. Jh. auch die persönlichen Berater des Staatsoberhaupts oder die Gesamtregierung; von frz. cabinet, ›kleines Nebenzimmer‹.

25,37 *etwas ... Fragwürdigem:* etwas Bedenklichem, Verdächtigem; hier: etwas unendlich Rätselhaftem, Geheimnisvollem, das ich nicht ergründen, verstehen konnte.

26,4 *nachgingen:* nachwirkten, verfolgten, immer wieder erschienen (im Geist).

26,10 *Tücke:* von mhd. tuc(k), ›schnelle Bewegung, Kunstgriff, Arglist, Streich‹; im Singular ungebräuchlich.

26,11 *Gauklerin:* hier: Personifizierung der Einbildung, Vorspiegelung, Blendwerk; von ahd. goucal, ›Zauberei‹, sowie ahd. gougaron, ›umherschweifen‹.

26,16 f. *Brücke St. Michel:* Seine-Brücke zur Ile de la Cité.

26,26 f. *einen großen Folianten:* Buch in Foliogröße, etwa 21 × 33 cm, also ein großes, unhandliches Buch; von lat. in folio, ›in einem Blatt‹ (d. h. bei diesem Buchformat wird jeder Papierbogen nur einmal gefalzt).

26,30 *Statuetten:* kleine Statuen, kleine Standbilder; von lat. statua, zu stare, ›stehen‹.

26,32 *Gedankenstätte:* Meyers eigene Prägung, etwa ›Ort, wo die Gedanken zur Ruhe kommen können‹.

27,5 f. *auswandern über den Ozean:* historisch. Wilhelm Gottlieb Soldan (Geschichte des Protestantismus in Frankreich bis zum Tode Karls IX. 2 Bde. Leipzig 1855) spricht von dem bald mißglückten Unternehmen »einiger Franzosen, die Reformation über den Ozean zu tragen. [Durand de Villegagnon] erwirkte sich durch Colignys Vermittelung zwei königliche Schiffe [...], um in Amerika eine französische Niederlassung zu gründen.« Nur wenige Hugenotten folgten damals den Plänen Colignys. Die große Welle setzte erst ein, als im Jahre 1685 Kardinal Richelieu die im Edikt von Nantes 1598 von Heinrich IV. bestätigten Rechte der freien Religionsausübung und der politischen Sonderstellung rückgängig machte. Viele Hugenotten ließen sich in New York, Massachusetts und South Carolina nieder.

27,22 *den jungen König:* Karl IX., der, 1550 geboren, zu dieser Zeit also erst 22 Jahre alt war.

27,23 *Die Königin Mutter:* Katharina von Medici (1519 bis 1589), Gemahlin Heinrichs II. von Frankreich und nach dessen Tod (1559) Regentin, erlangte seit 1560 während der Minderjährigkeit ihrer Söhne und 1574 unter ihrem dritten Sohne Heinrich III. uneingeschränkten Einfluß auf die Regierung. Ihre Politik war gekennzeichnet durch Verrat, Grausamkeit und Verschwendungssucht. – Die nachsichtige Schilderung Meyers beruht wohl auf der Michelets, S. 366 u. a.

27,24 *die Heißsporne:* Lehnübersetzung Schlegels von engl. hotspur, des Beinamens Percys in Shakespeares »Heinrich IV.«; hier ›hitzige, unbesonnene Menschen‹.

28,4 f. *Die Geographie des Ptolemäus:* Claudius Ptolemäus (um 85 bis 160 n. Chr.), Geograph, Astronom und Mathematiker in Alexandria. Sein großes geographisches

Werk »Geographike Hyphegesis« (8 Bde.) und das nach ihm benannte ›Ptolemäische Weltsystem‹, nach dem die Erde als Mittelpunkt der Welt angenommen wird, galt bis in die Zeiten der großen Entdeckungen durch die Seefahrer im 15. Jh. Die hier erwähnte »Geographie« war 1535 und 1542 in Lyon erschienen.

28,25 f. *dem weltlichen Richter zu überliefern:* Da die Kirche selbst keine Hinrichtung vornehmen konnte, wurde der Verurteilte an die weltliche Macht zur Urteilsvollstreckung übergeben.

28,36 *Franziskaner:* Angehöriger des im 13. Jh. von Franz von Assisi gestifteten Ordens, der die Verwirklichung des Evangeliums durch Askese, Armut, durch apostolische Arbeit in der Volksseelsorge erstrebt.

Panigarola: François Panigarola (1548–94), ital. Prediger, der 1571 zu Studien nach Paris kam und vor Katharina von Medici predigte. Panigarola war einer der wortgewaltigsten und einflußreichsten Kanzelprediger seiner Zeit. In der Darstellung folgt Meyer dem Bericht Michelets: »[...] der gewaltigste von allen [Predigern], ein Prediger von großer Beredsamkeit, voller Feuer, klarem Geist, ein kraftvoller Schauspieler, feuriger Redner, war der Franziskaner Panigarola. [...] Er war ein junger Mailänder, ein zügelloser Weltmann [...]. Pius V., der gewalttätigste der Päpste [...], der Panigarola gehört hatte, glaubte, in diesem schrecklichen Komödianten genau den richtigen Mann für die Sache [der Kirche] gefunden zu haben [...]. Er schickte ihn als Student nach Paris. Der Student tat nichts als lehren; seine donnernde Kanzel lehrte das Massaker und bekannte sich zum Werk des Blutes« (S. 411 f.).

29,1 *Logiker:* Lehrer der Logik, auch klarer Denker; von griech. logos, ›Wort, Rede, Vernunft‹. Logik: die Lehre von den Formen und Gesetzen des richtigen Denkens, von Begriffen und Schlüssen.

30,11 *ein Dunkel walte:* ein Geheimnis herrsche.

30,13 *Druckschrift:* »Discours de la siège de S. Quentin«, 1623. Der *Übertritt zum Evangelium* (30,17) findet sich allerdings nicht in dieser Schrift.

30,21 *vorevangelischen Leben:* hier: die Zeit vor seinem Glaubenswechsel.

30,25 *erlauchten:* von mhd. erliuhten, also erleuchtet, erhaben, gnädig.

31,7 *unlauter:* unrein, unecht, unaufrichtig; von ahd. (h)luttar, ›gewaschen‹.

31,9 *ruchbar:* durch Gerücht bekannt; von niederdt. rucht, ›guter (schlechter) Ruf‹.

32,15 f. *Hanswurst:* im 17. und 18. Jh. eine lustige Person im dt. Schauspiel, dann dummer, possenreißender Narr. Vgl. die Darstellung Michelets in der Anm. zu *Panigarola* 28,36.

33,23 *Wenn dich dein Auge ärgert:* Vgl. Matth. 5,29 f.; desgl. Matth. 18,9 sowie Mark. 9,47.

33,33 *Fanatismus:* hemmungslose Begeisterung, (Glaubens-) Schwärmerei, unduldsamer Eifer; von lat. fanaticus, ›von der Gottheit ergriffen, rasend‹; neulat. Bildung des 19. Jh.s nach frz. fanatisme.

34,22 *Memme:* Lallwort aus der Kindersprache; seit dem 15. Jh. Schimpfwort für ›Feigling, Muttersöhnchen‹; von mhd. memme, mamme, ›Mutterbrust, Mutter‹.

34,25 *Kavalier:* Standesbezeichnung, frz. cavalier, ›Reiter, Ritter‹, zu lat. caballus, ›Pferd‹.

34,31 *Herzogs von Anjou:* (1551–89) jüngerer Bruder Karls IX., regierte als Heinrich III. von Frankreich 1574 bis 1589.

34,34 *das Begleit:* schweiz. veraltet für ›Begleitung, Geleit‹.

35,4 *Unziemlichkeit:* ungehöriges Verhalten; von mhd. zimen, zemen, aus ahd. zeman, ›(zusammen)fügen‹.

35,13 *Nîmes:* Stadt in Südfrankreich, Hauptstadt des Dép. Gard. Zu jener Zeit die Hauptfestung der Hugenotten.

35,29–31 *Daß ich Gaspardes Liebe ... einzusetzen:* Vgl. hierzu den Bericht der Schwester Betsy Meyer: »Diesen zusammenfassenden Schlußstein des Kapitels hat der Dichter mit Absicht so scharf geschliffen. Er diktierte [...] gemütlich [...] sein Zimmer auf und niederschreitend. Dann stand er still, rezitierte diese Periode mit besonderer Betonung und sagte: ›So muß dies Kapitel schließen.‹« (Adolf Frey, Eine ungedruckte Rezension Betsy Meyers. In: Süddeutsche Monatshefte, XI, 1914, S. 683.)

Fünftes Kapitel

36,5 *Aufzeichnungen:* Vgl. Anm. zu 30,13.

36,28 *Memorandum:* Denkschrift, meist im politisch-diplomatischen Bereich; von lat. memorandum, ›etwas zu Merkendes, Denkschrift‹, zu lat. memorare, ›erinnern, in Erinnerung bringen‹. – Das Memorandum Colignys abgedruckt in Jacques-Auguste de Thou, »Histoire universelle«, Bd. 4, Basel 1742, S. 543 ff.

den Prinzen von Oranien: Wilhelm von Oranien (1533 bis 1584), ›der Schweiger‹, aus dem Hause Nassau-Dillenburg, war der Führer der Niederländer im Kampf gegen Spanien und den Katholizismus. In der Genter Pazifikation gelang es ihm, alle niederländ. Provinzen zu vereinen. Er gilt als der Begründer der holländ. Unabhängigkeit. 1583 heiratete er eine Tochter Colignys und wurde, nachdem König Philipp II. von Spanien eine Belohnung auf seinen Kopf ausgesetzt hatte, 1584 in Delft ermordet.

37,2 *Meinung:* hier ›Partei‹.

37,6 *verdunkle:* hier ›in den Schatten stellt, ihm den Ruhm stiehlt‹.

37,22 *ein sehr junger Mann:* Karl IX. Meyer folgt hier der Charakterisierung Michelets (S. 368 ff.).

37,25 *Väterchen:* Diese Anrede des jungen Königs gegenüber dem Admiral ist historisch.

37,26 *Fontainebleau:* Schloß, etwa 60 km südöstl. von Paris, im 16. bis 18. Jh. Sommersitz der frz. Könige; bedeutendes Beispiel der frz. Renaissance.

37,30 *Sire:* Anrede des frz. Königs, Majestät; von frz. urspr. Sieur, Abkürzung von frz. seigneur.

38,5 f. *seiner katholischen Majestät:* von Papst Alexander VI. 1496 an Ferdinand und Isabella von Spanien verliehener Ehrentitel, nachdem diese die Mauren besiegt und Spanien wieder unter kath. Herrschaft gestellt hatten. Danach Titel des span. Königs.

38,9–12 *Neulich noch ... dreimal!:* Eine ähnliche Szene findet sich in Agrippa d'Aubigné, »Histoire universelle«, Amsterdam 1626, sowie in Shakespeares »Hamlet« (III,4), in der Hamlet den hinter der Tapete stehenden Polonius ersticht.

38,11 *Tapete:* freihängender Wandbehang, Gobelin; von mlat. tapeta, ›Wandteppich‹.

39,11 *das Louvre:* heute mask.

39,15 f. *mit einem königlichen Schweizer:* ein kath. Schweizer der königlichen Leibwache.

39,33 *Pfyffer:* Louis Pfeiffer (1530–94), Hauptmann der Schweizer Garde. Meyer wohl bekannt durch Vulliemin (S. 117 f.). – Der hist. Pfeiffer war allerdings zu jener Zeit nicht in Paris.

40,10 *Kastell:* hier ›Schloß‹; von lat. castellum, ›Festung‹.

40,11 *Medizäerin:* Katharina von Medici. Vgl. Anm. zu 27,23.

40,19 *keckem:* lebendigem; von ahd. chec, ques.

40,23 *Studierzimmer des Königs:* Vgl. hierzu die Beschreibung Michelets: »[Das Zimmer] war sehr einfach, denn es bestand nur aus Jagdwaffen, die unordentlich an der Wand hingen [. . .]. Der Tisch, an dem der König schrieb, war mit Papier und Büchern bedeckt« (S. 369).

40,34 *Amboß:* Vgl. Michelet: »Er schloß sich ein, schmiedete Waffen, hämmerte das Eisen, bis er nicht mehr konnte« (S. 369).

40,36 f. *Chateauguyon:* Vgl. Michelet: »Es ist eine Wette zwischen ihm und einem Herrn bekannt, derzufolge es [dem König] nach zweijähriger Übung gelang, [. . .] seinen Fuß zu küssen« (S. 369).

41,13 f. *Graf Guiche:* Der hist. Graf Guiche (1552–80) war als guter Soldat bekannt. Meyer verwechselt ihn wahrscheinlich mit Philibert, Graf von Gramont (1621–1701), dem Enkel des Grafen Guiche, der einer der zügellosesten Menschen seiner Zeit war.

41,16 *Lignerolles:* Philippe Le Voyer, Sieur de Lignerolles, Vertrauter des Herzogs von Anjou. Lignerolles überwarf sich mit dem Herzog und verriet dessen Pläne und Intrigen an Karl IX., um sich in dessen Vertrauen einzuschleichen. Sein Verrat wurde bekannt. Das *vollgültige Todesurteil* (41,17) bezieht sich auf den daraufhin ergangenen Auftrag an zwei gedungene Mörder, ihn auf der Jagd zu erschießen.

43,18 *bist du unsträflich:* hier ›weißt du bestens Bescheid‹.

43,19 *Phlegma:* Trägheit, Gleichmut; von griech. phlegma, ›Brand, Hitze‹.

43,25 *Ave Maria:* kath. Gebet, nach seinen Anfangsworten so benannt; von lat., ›sei gegrüßt!‹ Gruß des Erzengels

Gabriel an Maria, vgl. Luk. 1,28: »Als nun der Engel bei ihr [Maria] eintrat, sagte er ›Sei gegrüßt, du Begnadete: der Herr ist mit dir!‹« Daher auch ›Englischer Gruß‹ genannt.

43,36 *Stoßseufzer:* hier: kurzes Gebet, Anrufung.

Sechstes Kapitel

44,7 *sekundieren:* seit dem 17. Jh. ›Beistand leisten beim Duell‹; von lat. secundare, vgl. 44,10 f. *Sekundant.*

45,17 f. *Quart ... Sekunde:* zwei der fünf sogenannten Einladungen, d. h. Reizen zum Angriff. Quartbindung: Hand tief, Spitze hoch, eigene Klinge rechts von der des Gegners; Secondbindung: Hand hoch, Spitze tief, eigene Klinge links von der des Gegners.

45,25 *parierte:* wehrte den Angriff ab (beim Fechten); von frz. parer, ›ein Pferd anhalten, auch Hieb oder Stoß abwehren‹.

46,32 *einem Götzenbilde:* Darstellung eines Götzen, d. h. falscher Gott, Abgott.

46,34 *Aberglauben:* rückständiger, auch der Lehre der Kirche widersprechender Glaube; zu mhd. abe, ab, ›ohne‹.

47,4 *hadern:* streiten, rechten; von ahd. hadu, ›Kampf‹, jedoch nur in Personennamen (vgl. Hadubrand).

47,14 *Freischar:* Freiwilligentruppe.

47,21 *Freibeuter:* urspr. Seeräuber, hier ›Soldat einer nichtregulären Truppe, plündernder Soldat‹.

47,30 *Teligny:* Charles de Téligny, verheiratet mit Colignys Tochter Louise (die nach seinem Tode Wilhelm von Oranien heiratete, vgl. Anm. zu 36,28 *den Prinzen von Oranien*).

48,27 *lispelte:* hier ›flüsterte‹.

48,31 *Dubourg:* Anne Du Bourg (1521–59), Parlamentsrat und Anhänger Calvins. Er klagte Heinrich II. der Verfolgung der Hugenotten an und wurde daraufhin verurteilt und auf dem Place de Grève aufgehängt und anschließend verbrannt. Vgl. die detaillierte Prozeßschilderung in Soldan I,304 ff.

49,3 *Privilegium:* lat., Privileg, ›Vorrecht, Sonderrecht, Sonderstellung‹.

49,4 *eingezogen:* zurückgezogen.

49,22 *Märtyrer:* Blutzeuge für den christl. Glauben, Christ, der für seinen Glauben stirbt; von griech. martyr, ›Zeuge‹.
49,25 *kredenzen:* darbieten, darreichen; zu Kredenz, von ital. credenza, ›Anrichte‹.

Siebentes Kapitel

51,1–3 *der Rückschlag ... fühlbar:* Der von Coligny betriebene Einfall in Flandern wurde später in zwei Sitzungen des Staatsrats verworfen.
51,3 *des Königs von Navarra:* Heinrich von Navarra (1553–1610, ermordet); seit 1594 Heinrich IV., der beliebte und volkstümliche frz. König.
51,4 *Schwester:* Margarete von Valois (1553–1615), Tochter der Katharina von Medici. Die Hochzeit fand am 18. August 1572 statt.
51,5 *Jeanne d'Albret:* (1528–72) Mutter Heinrichs von Navarra, starb kurz vor dessen Hochzeit; man behauptete, sie sei vergiftet worden, da sie eine der Hauptstützen der Hugenotten war.
51,11 f. *Notredame:* die Kathedrale auf der Ile de la Cité in Paris, deren Baubeginn 1163, die Vollendung in der Mitte des 13. Jh.s liegt.
51,15 *Fahnen:* Vgl. Michelet: »Coligny sagte, als er die an den Wänden hängenden Fahnen von Jarnac und Montcontour [vgl. Anm. zu 17,27] sah: ›Wir werden andere an ihre Stelle hängen, deren Anblick uns besser gefällt‹, wobei er von den spanischen Fahnen sprach«, d. h. span. Fahnen aus den Niederlanden, doch seine Feinde meinten, er spreche von der königlichen frz. Fahne.
51,17 *Trophäen:* Siegeszeichen, Jagd-, Kriegsbeute; von griech. tropaion.
52,8 *St. Michaelsorden:* Abzeichen eines Angehörigen des von Ludwig XI. 1469 gegründeten Ritterordens; nach dem Erzengel Michael (vgl. Dan. 10,13), dem Beschützer der Kirche und Sieger über den Satan; wird mit dem Teufel unter den Füßen dargestellt.
52,18 *Montaigne:* Michel Eyquem de Montaigne (1533–92), frz. Philosoph, Parlamentsrat und Bürgermeister von Bordeaux. Berühmt als Zeugnis des frz. Späthumanismus ist sein 1580 erschienenes Hauptwerk »Essais« (Reclams

UB 8308 [3]), weltmännische Reflexionen über moral- und lebensphilosophische Fragen. Zur Zeit der Hugenottenkriege oft Vermittler zwischen Protestanten und Katholiken.

52,19 *Perigord:* Montaigne wurde bei Bordeaux auf Schloß Montaigne im Périgord geboren, einer Landschaft im Südwesten Frankreichs.

52,20 *Horaz:* Quintus Horatius Flaccus (65–8 v. Chr.), röm. Dichter aus der Zeit des Augustus, neben Vergil der Klassiker der lat. Dichtung. Mit seinen »Oden« wurde er zum Schöpfer der lat. Lyrik, ferner bekannt durch seine Satiren und seine Poetik »Ars Poetica«.

52,30 *Buch Tobiä:* Das Buch Tobias aus den Apokryphen verherrlicht die streng gesetzliche Frömmigkeit. – Montaignes Bemerkung ist spöttisch auf Gasparde und Schadau gemünzt, die wie Tobias zu fromm und tugendhaft sind.

52,35 *der Gascogner:* Die Gascogne ist eine Provinz in Südwestfrankreich.

53,18 *Herzog Heinrich:* Heinrich I. von Guise (1550–88), Herzog von Lothringen.

55,7 *liturgischen:* die Liturgie betreffend; Liturgie: gottesdienstliche Handlung; von griech. leiturgos, aus laos, ›Volk‹, und ergon, ›Werk‹.

55,25 *ich drang in den Rat:* veraltet für: ich drängte, bedrängte ihn.

Achtes Kapitel

56,30 *Devise:* frz., Wahlspruch, Motto.
Pèlerin et Voyageur!: frz., Pilger und Reisender. Vgl. Kap. VII das Gedicht »Ein Pilgrim«.

57,10 f. *Namensfeste:* Namenstag: Kalendertag des Heiligen, dessen Namen man führt. Wird in kath. Gegenden oft mehr als der Geburtstag gefeiert.

57,15 *der geschundene Barthel:* der hl. Bartholomäus, Apostel, der der Legende nach in Indien und Arabien predigte und später als Märtyrer starb. Der Bartholomäustag ist der 24. August.

58,10 *Depesche:* Eilnachricht; von frz. dépêche.

59,14 *Gelaß:* kleines, enges Zimmer, Kammer; von mhd. gelæze, ›Niederlassung‹.

59,36 *Vettern von Lothringen:* die Guisen.
61,10 *Zinne:* mit Einschnitten versehener Mauerkranz.
62,5 ff. *Da plötzlich . . .:* Vgl. zur folgenden Szene das Gedicht »Die Karyatide« in Kap. VII.
62,7 *Flußgöttin:* wird immer liegend dargestellt, gestützt auf einen Krug oder eine Urne, aus der ein Fluß entspringt.
62,11 *Steinfrau:* weibliche Statue, Tragefigur aus Stein, die das Gebälk trägt, ersetzt eine Säule; bes. an Säulenvorbauten zu finden; von griech. karyatides.
62,16–18 *Machen . . . den Garaus:* töten, vernichten; aus gar aus, ›vollständig um, vorbei‹; seit dem 16. Jh.
63,4 *Navarrese:* Heinrich von Navarra, vgl. Anm. zu 51,3.
64,13 *Fähndrich:* alte Nebenform von ›Fähnrich‹: junger Offizier der Infanterie, Offiziersanwärter; von ahd. faneri, ›Fahnenträger‹.
64,16 *Order:* Befehl, Anordnung; von frz. ordre.
64,17 *Bastille:* Zwingburg der frz. Könige in Paris, 1369 bis 1383 erbaut, seit dem 17. Jh. Staatsgefängnis. Wurde zu Beginn der Revolution am 14. Juli 1789 (seitdem frz. Nationalfeiertag) als Sinnbild der königlichen Willkür und Tyrannei vom Volk erstürmt und zerstört.
64,27 *Hallebarde:* aus dem dt. ›Hellebarde‹, seit dem 13. Jh. gebräuchliche Waffe, bestehend aus einem langen Schaft mit Lanzenspitze, an deren Seiten eine axtförmige Klinge und ein Haken angebracht waren; abgeleitet von Halb, Helb, ›Stiel‹, und Barte, ›Beil‹; mhd. helmbarte, ›(Streit-)Axt mit langem Stiel‹.

Neuntes Kapitel

65,4 f. *Lanzenknechts:* mit einem Speer, Spieß bewaffneter Soldat.
65,14–19 *An einem . . . Pflaster:* Todesszene für Chatillon erfunden aus der Beschreibung, die Michelet (S. 444) für Coligny überliefert.
66,11 *vierschrötiger:* breitgebauter; stark und derb; von mhd. vierschrœtec.
66,12 *Halunke:* Gauner, Schlingel; von tschech. holomek, ›nackter Bettler‹.

66,22 *Rotte:* Bande, Horde; von mhd. rot(t)e, ›Abteilung, wilder Haufen‹.

68,9 *Pfuhl:* Tümpel, sumpfiger Teich; Sinnbild der Sünde; von ahd. pfuol.

68,27 *Feldbinde:* Armbinde als Erkennungszeichen.

70,9 f. *Furier:* Verwalter des Vorratslagers (Mundvorrat und Pferdefutter) bei den Truppen; von frz. fourrier. – Der Name (Marti) Koch ist übernommen aus Vulliemin (S. 134; dort Furier des Herzogs von Anjou und einer der Mörder Colignys).

70,18 *selbander:* veraltet für ›zu zweit‹; eine Zusammensetzung aus selb = selbst und ander = der andere, oder, als Ordnungszahl, der zweite; also wörtlich: derart, daß ich selbst der andere, der zweite bin.

70,19 *Goldgulden:* um 1350 nachgeprägte florentinische Goldmünze, Goldflorin. Dem Goldgulden wurde mit der Zeit immer mehr Silber beigemischt, bis er nur noch ein Viertel Gold enthielt und von den besseren Dukaten verdrängt wurde.

70,23 *dauern:* ältere Bedeutung: ausharren, aushalten, durchhalten.

Zehntes Kapitel

71,16 *Neuenburg:* frz. Neuchâtel, Hauptstadt des gleichnamigen Kantons, am Abhang des Jura gelegen.
Murten: frz. Morat, Stadt im Kanton Fribourg.

72,7 f. *verklagten und entschuldigten sich:* d. h. er fühlte sich schuldig und gleichzeitig unschuldig am Tode seines Landsmannes.

72,21 f. *In der Stille … Wanderstab:* Vgl. das Gedicht »Ein Pilgrim« in Kap. VII.

72,23 *Heimfahrt:* Heimfahrt in den Himmel, Umschreibung für den Tod.

II. Historischer Überblick

Peter de Mendelssohn:

Die Parisische Bluthochzeit

[...] 1536, im Todesjahr des Erasmus, veröffentlichte Calvin in Basel seine Schrift »Christianae religionis institutio«; acht Jahre darauf ordnete die Sorbonne die Verbrennung von Calvins Schriften an. Zwischen diesen beiden Daten braute sich das Unheil zusammen. Franz I. hatte sich unter dem Einfluß der Erasmier noch zu gemäßigtem Vorgehen gegen das Luthertum verstanden; aber die provokatorische antikatholische »Plakataffäre« von 1534 löste die ersten offenen und blutigen Unterdrückungsmaßnahmen aus. Ein Dekret vom 29. Januar 1535 ordnete die Ausrottung der Ketzer an; fünf Jahre später leitete das Edikt von Fontainebleau, das die Jurisdiktion über die Ketzerei nicht den geistlichen Behörden, sondern den weltlichen Tribunalen, den *parlements*, übertrug, die staatlich organisierte Protestantenverfolgung ein. In diesen grausamen Jahren gingen Tausende zugrunde, unter ihnen 1545 die Waldenser. Als Heinrich II. 1547 auf Franz I. folgte und unverzüglich mit der *Chambre ardente* das schärfste Verfolgungsinstrument schuf, hatte der Calvinismus das Luthertum in Frankreich bereits weitgehend verdrängt. 1548 heiratete Jeanne d'Albret, die Erbin des Königreichs Navarra, Antoine de Bourbon, und mit seinem Übertritt zum Calvinismus wurde der größte Teil Südwestfrankreichs hugenottisch. Ihr Sohn Heinrich von Navarra, am 14. Dezember 1553 in Pau katholisch geboren, wuchs als Hugenotte auf. Gaspard de Coligny, der bedeutendste Heerführer des Königshauses, 1557 bei St. Quentin in spanische Gefangenschaft geraten, erhielt von seinem Bruder aus Genf die Schriften Calvins geschickt und trat zwei Jahre darauf bei seiner Freilassung gleich seinem Neffen Condé zum Calvinismus über.

Die Vorgeschichte

Diese gesellschaftliche Verlagerung des reformierten Bekenntnisses ist ein wesentlicher Schlüssel zur Bartholomäusnacht. Calvins früheste Anhänger entstammten hauptsächlich den niederen Bevölkerungsschichten und hatten der *Chambre ardente* die meisten Opfer geliefert. Um die Zeit, als die Reformbewegung im Volk bereits weitgehend »ausgebrannt« war, griff sie auf das Großbürgertum und den Hochadel über, spaltete das »Establishment« und schuf damit zwei politische Parteien, die außenpolitisch entgegengesetzt, prospanisch und antispanisch, orientiert waren: die Bourbon und Châtillon auf hugenottischer, die lothringischen Guise auf katholischer Seite. Der Friede von Câteau-Cambrésis 1559 zwischen Spanien und Frankreich, der Coligny freisetzte, enthielt eine Vereinbarung zwischen Heinrich II. und Philipp II. über die rücksichtslose Unterdrückung der Protestanten in Frankreich, deren stärkste auswärtige Stütze die neue Königin von England, Elisabeth, war. Am 2. Juni 1559 verhängte das Edikt von Ecouen die Todesstrafe für Ketzer. Um diese Zeit gab es bereits zweitausend calvinistische Gemeinden in Frankreich, die sich zu einer reformierten Kirche zusammenschlossen. Wenn das Wort Hugenotten, wie eine umstrittene Etymologie wissen will, sich vom deutschen *eigenots* oder Eidgenossen herleitete, so paßte es auf diese Verschworenen, die unter der Führung der Jeanne d'Albret von Navarra entschlossen waren, Frankreich aus der habsburgischen Umklammerung zu befreien und zu einem Königreich der »wahren Religion« zu machen.

Es gab eine dritte Partei, die sich zu Beginn der sechziger Jahre herausbildete und aus Angehörigen beider Bekenntnisse bestand. Sie erkannte, daß von den Söhnen Heinrichs II. und der Katharina Medici für die Stabilität des Staates nicht viel zu hoffen war: schwache, kränkliche, unreife Burschen, die ein entschlossener Anschlag von der einen oder anderen Seite beiseite räumen konnte. Aber es waren ihrer vier; der Reihe nach konnte das lange dauern und jahrzehntelanges Chaos bedeuten. Die dritte Partei vertrat die Auffassung, der Konflikt zwischen den Bekenntnissen sei weniger gewichtig als die Gefahr, die dem Staat aus dem Bürgerkrieg erwuchs; politische Stabilität war ihre oberste Forderung – daher ihr Name *politiques*, die Politischen. Ihr bedeutendster

Vertreter war Michel de L'Hospital, der 1560 Kanzler wurde. Der erste der vier Valois-Prinzen, Franz II., Gatte der Maria Stuart, war schon nach Jahresfrist weggestorben. Der zweite, Karl IX., war ein zehnjähriges Kind, für den Katharina Medici die Regentschaft führte. Katharina hatte nur eines im Sinn: ihren Söhnen gegen die Guise auf der einen, die Bourbon auf der anderen Seite den Thron zu erhalten. Das Mittel hierzu schien die Entschärfung des Bekenntnis-Konflikts; L'Hospital war ihr Mann.

L'Hospital, ein erasmischer Irenist und erstaunlich undogmatischer Katholik, schritt unverzüglich gegen die Protestantenverfolgungen ein. Schon 1560 erließ er eine Weisung an die Behörden, den Landfrieden zu wahren, »ohne mit Strafmaßnahmen gegen jene vorzugehen, die der Ketzerei verdächtig sind, es sei denn gegen solche, die bewaffneten Umsturz verursachen«. Durch ein entsprechendes Regierungsedikt vom Februar 1561 wurde die Ketzerverfolgung von Amts wegen ausgesetzt, und ein zweites Edikt L'Hospitals vom April 1561 verbot den Franzosen, einander als »Papisten, Hugenotten oder mit ähnlichen Namen zu beschimpfen, Kruzifixe oder Heiligenbilder zu zerstören, in die Bethäuser einzudringen, Plakate anzukleben und unter dem Vorwand der Aufdeckung verbotener Versammlungen Häuser zu plündern«. Im Mai übertrug das Edikt von Romorantin die Zuständigkeit in Religionsfragen von den *parlements* auf die Bischöfe, und die Todesstrafe für Ketzer wurde aufgehoben.

Frankreich besaß in diesen Jahren in der Tat eine Regierung, für die Toleranz und Koexistenz das oberste Staatsgebot waren. L'Hospital ließ zum erstenmal seit 1484 die Generalstände wieder zusammentreten und redete ihnen auf den Ständeversammlungen in Orléans und Saint-Germain eindringlich ins Gewissen: »Die Sache Gottes bedarf nicht der Verteidigung durch Waffen. *Mitte gladium tuum in vaginam.* Unsere Religion wurde mit Waffengewalt weder begonnen noch fortgeführt noch bewahrt ... Das Messer ist nutzlos gegen den Geist, wenn anders es nicht zusammen mit dem Leib auch die Seele vernichten soll.« Die Aufgabe der Stände sei nicht, religiöse Meinungsverschiedenheiten zu erörtern, sondern dem Königreich Ruhe und Ordnung zu verschaffen: »Der König wünscht nicht, daß Ihr in Auseinandersetzungen darüber eintretet, welche Auffassung die bessere sei, denn es handelt sich hier nicht um *de constituenda religione, sed de constituenda republica*, und es ist durchaus möglich, *cives qui non erunt christini* zu sein, denn sogar ein Exkommunizierter hört nicht auf, ein Staatsbürger zu sein.« Im September 1561 berief er ein großes Religionsgespräch nach Poissy ein und erklärte ihm, wolle man versuchen, die Protestanten zu zerschmettern, so bringe man damit die ganze Gesellschaft in Gefahr, denn »die Mehrzahl der Evangelischen sind reiche und begüterte Leute, die, wie jedermann weiß, als Säulen dienen, um den König zu stützen«.

Vergebliche Friedensbemühungen

Dieser Versuch Katharinas und L'Hospitals, durch ein Nationalkonzil eine Versöhnung herbeizuführen, blieb ergebnislos. Jetzt hatte die Königin drei Möglichkeiten: die Parteien gegeneinander auszuspielen, eine Partei gegen die andere zu unterstützen oder den protestantischen Fürsten eine gewisse Autonomie einzuräumen; letztere hätte die Einheit des Staates und die Autorität des Königs gefährdet. Katharina entschloß sich, die Versöhnungspolitik gegenüber den Hugenotten fortzuführen. Das Toleranzedikt von 1562 führte, wie vorauszusehen, zu einem Machtzuwachs der Hugenotten und zu scharfer Opposition der Guise-Partei. In Paris steckte die Menge die Häuser der Reformierten in Brand, im Süden griffen die Hugenotten die katholischen Kirchen an. Im März 1562 marschierte der Herzog von Guise mit seinen Leuten durch die Stadt Vassy, stieß auf ein hugenottisches Bethaus, überfiel es und machte die Gläubigen nieder. Die Koexistenzpolitik war offensichtlich gescheitert; von neuem – zum wievielten Mal? – brach der Bürgerkrieg aus.

Abermals gelang, 1563, mit dem II. Edikt von Amboise eine zeitweilige Befriedung. Es garantierte zwar die Glaubensfreiheit, beschränkte aber die offene Ausübung der protestantischen Religion auf die bedeutenden Grundbesitzer- und Adelsfamilien, also jene, deren Unterstützung das Establishment brauchte. Mit der Annahme dieses Kompromisses büßten die aristokratischen Führer der Hugenotten, Jeanne d'Albret, Condé, Coligny, die Unterstützung der ausgeschlossenen Massen des Volkes ein, mit deren Hilfe sie vielleicht Frankreich gewonnen hätten. Während Coligny, an den Hof zurückgekehrt, seinen ganzen Einfluß aufbot, um Karl IX.

zum Protestantismus zu bekehren, während Guise versuchte, Marguerite – die dicke Margot – des Königs Schwester, zu heiraten und sich so eine strategische Position zur Ausschaltung ihrer Brüder zu verschaffen, unternahm Condé einen tölpelhaften Anschlag, um sich der Königinmutter und des Königs zu bemächtigen. Sein Fehlschlag löste einen neuen Krieg aus und ließ Katharina nun ernsthaft an ihrer Versöhnungspolitik zweifeln. Sie hatte jetzt nicht nur die Guise, sondern auch die Navarra satt und fürchtete sich vor beiden. Die Politischen indessen gaben nicht auf. Der weise Abt von Bois-Aubry hatte auf der Ständeversammlung erklärt: »Es hat keinen Sinn, in Sachen des Gewissens und der Religion Gewalt anwenden zu wollen, denn das Gewissen ist wie die Hand, je mehr man sie drückt, desto kräftiger widersteht sie.« Die Politischen brachten im August 1570 den Vertrag von Saint-Germain zustande, der noch einmal Frieden und den Protestanten Gewissensfreiheit stiftete. Um ihn zu besiegeln, verfiel Katharina Medici auf die Idee, die dicke Margot mit Heinrich von Navarra, ihrem dritten Sohn, Heinrich von Anjou, mit Elisabeth von England zu verheiraten. Zwei protestantische Ehebündnisse! Aus dem englischen wurde nichts, denn Elisabeth Tudor lachte ihren Botschafter Walsingham nur aus. Aus dem navarresischen wurde die Bartholomäusnacht.

Coligny meinte, gewonnen zu haben. Er verlangte von Karl IX. eine radikale Kursänderung der Bündnispolitik, Verständigung mit England, Krieg gegen Spanien, das unter anderem das spanische Navarra herausgeben sollte. Die Verlobung Marguerites mit dem hugenottischen Henri hatte den katholischen Adel unter der Führung der Guise bereits aufs höchste aufgebracht; Colignys Machtanspruch trieb Katharina endgültig ins Lager der Guise. Man könnte fast meinen, was nun geschah, habe sich im Grunde unter halben Kindern und unreifen Halbwüchsigen abgespielt. Von allen Beteiligten waren, für unsere Begriffe, nur Katharina und Coligny, beide dreiundfünfzig, erwachsene Menschen. Henri von Navarra und die dicke Margot waren beide neunzehn, Condé war zwanzig, Anjou, der spätere Heinrich III., einundzwanzig, Karl IX. und Heinrich von Guise zweiundzwanzig Jahre alt. Aber alle wußten sie, was sie wollten: einander umbringen.

Am 9. Juni 1572 starb Jeanne d'Albret plötzlich in Paris. Ihr Sohn war überzeugt, daß die Medici sie vergiftet habe, um das dynastische Oberhaupt der Hugenotten zu beseitigen. Am 18. August wurden Henri von Navarra und Marguerite Valois von Henris katholisch gebliebenem Onkel Kardinal Charles de Bourbon in Paris getraut. Der ganze hugenottische Adel war zu dem Fest in Paris zusammengeströmt. Jetzt war das neue dynastische Oberhaupt der Protestanten gefesselt, und Henri erkannte zu spät: Er war in eine Falle gegangen. Die Beseitigung des politischen Hugenotten-Hauptes mißlang beim ersten Streich: Coligny wurde bei einem Attentat am 22. August nur schwer verwundet. Karl IX. leitete eine Untersuchung ein und entdeckte als Anstifter den Guise, seine Mutter und seinen Bruder Anjou. Katharina geriet in Panik. Sie gestand ihrem Sohn die Rolle, die sie gespielt hatte, und überzeugte ihn, sie alle seien verloren, wenn man jetzt nicht zum Äußersten schreite: mit einem fürchterlichen Rache-Gegenschlag der Hugenotten für die versuchte Ermordung Colignys sei stündlich zu rechnen. Rottete aber der König mit einem Gewaltschlag die in Paris versammelten Hugenotten aus, dann brach die Partei zusammen und der ganze Fall war erledigt: das Haus Valois war gesichert. Karl zauderte, schwankte, gab dann plötzlich nach. Um halb zwei Uhr morgens am 24. August 1572 gab das Glockengedröhn von Saint-Germain-l'Auxerrois das Zeichen.

Der »Krieg der drei Heinriche«

So steht es in den Geschichtsbüchern. Ob es ganz stimmt, scheint indessen zweifelhaft. In neuerer Zeit ist man geneigt, Katharina Medici nicht die ganze, alleinige Schuld an der Bartholomäusnacht zuzuschreiben, und zweifelt auch, ob das Massaker so blitzartig der Eingebung eines Panikaugenblicks entsprungen sein kann. Die Niedermetzelung von dreitausend Pariser Bürgern – und sorgfältig ausgesuchten Bürgern – läßt sich nicht binnen weniger Stunden organisieren. Die gegen die Hugenotten aufgebrachte Pariser Bevölkerung leistete eine planvolle Mithilfe, die der Vorbereitung bedurft haben muß. Es waren, wie man weiß, Listen hergestellt worden, damit niemand entwischte. Wahrscheinlicher, daß der Plan von längerer Hand von den Guise angelegt war, daß die Giftmischerin Medici nur den Hebel drückte, der den

König herumschwang. Tatsächlich entwischten nur zwei: Henri von Navarra und sein Vetter Condé; und sie schützte der König. Guise indessen begab sich persönlich zu Coligny ins Hotel Ponthieu und ließ den Verletzten durch seinen Helfershelfer Jan Janowitz, genannt »Besme«, denn er war ein Böhme, im Bett umbringen.
Die parisische Bluthochzeit regelte nichts, erledigte nichts. Henri von Navarra, Gefangener im Louvre, mußte seinem Glauben abschwören; aber vier Jahre später, 1576, gelang ihm bei Nacht die Flucht. Heimgekehrt in sein Königreich, kehrte er sofort zum protestantischen Bekenntnis zurück und übernahm die Führung im »Krieg der drei Heinriche«. Keiner der drei Heinriche starb friedlich in seinem Bett. Heinrich III. ließ Heinrich von Guise 1588 in Blois ermorden und wurde selber im Jahr darauf von einem katholischen Fanatiker namens Jacques Clement in Saint-Germain ermordet. Heinrich von Navarra gewann schließlich, nachdem alle vier Valois dahin waren, den Thron, aber erst nachdem er abermals die Religion gewechselt hatte. Seine Ehe mit der dicken Margot hielt nicht, wurde 1599 geschieden, und im Jahr darauf heiratete er Maria Medici, eine entfernte Nichte der Frau, die seine Mutter vergiftet hatte. Zehn Jahre später brachte ein Hitzkopf namens Ravaillac ihn um. Auch dieser Mörder war gedungen – vom Herzog von Epéron. Aber er war immerhin ein echter Verrückter.

SZ am Wochenende. Feuilleton-Beilage der Süddeutschen Zeitung. München, 26./27. 8. 1972

III. Quellen

Der Niederschrift der Novelle gingen eingehende historische Studien zur Geschichte Frankreichs im 16. Jahrhundert, besonders der Hugenottenkriege voraus. In den Wort- und Sacherklärungen wird auf die wichtigsten Parallelstellen im »Amulett« und in den historischen Vorlagen hingewiesen. Im einzelnen jedoch weichen Gang der Handlung, Gebrauch der Motive, Charakterisierung der Figuren usw. erheblich ab. Die historischen Werke, mit denen Meyer bekannt war und die ihm den geschichtlichen Hintergrund vermittelten, sind folgende:

La vie de Gaspard de Coligni, ... à laquelle sont ajoutés ses Memoires sur ce qui se passa au Siége de S. Quentin. Ed. Ch. G. Dassdorf. Dresden 1783.

Mérimée, Prosper: Chronique du règne de Charles IX. Paris 1829.
(Diesem Werk ist das Motiv des Amuletts entnommen; vgl. den detaillierten Vergleich in d'Harcourt, S. 464 bis 470.)

Heeren, A. H. L.: Handbuch der Geschichte des Europäischen Staatensystems. 1. Teil. Göttingen ^{5}1830.

Laponneraye: Histoire de l'amiral Coligni. Paris ^{2}1837.

Recueil de fragments historiques sur les derniers Valois. Notes par A. E. du Gord. Paris [o. J.].

Vulliemin, Louis: Geschichte der Eidgenossen während des 16. und 17. Jahrhunderts. Zürich 1844.

Ranke, Leopold: Französische Geschichte, vornehmlich im sechzehnten und siebzehnten Jahrhundert. 2 Bde. Stuttgart, Tübingen 1852–54.

Soldan, Wilhelm Gottlieb: Frankreich und die Bartholomäusnacht. In: Historisches Taschenbuch. Hrsg. von F. v. Raumer. 3. Folge. 5. Jg. (1854).

Soldan, Wilhelm Gottlieb: Geschichte des Protestantismus in Frankreich bis zum Tode Karls IX. 2 Bde. Leipzig 1855.

Michelet, J.: Histoire de France au seizième siècle. Bd. 9. Guerres de religion. Paris 1856.

Häußer, Ludwig: Geschichte des Zeitalters der Reformation 1517–1648. Hrsg. von W. Oncken. Berlin 1868.

Zwei weitere mögliche Quellen sind:
de Thou, Jacques-Auguste: Histoire universelle. Bd. 4 (1567–1673). Basel 1742
sowie ein Bild eines Augenzeugen der Bartholomäusnacht, François Dubois, der von einer Genfer Hugenottin den Auftrag erhielt, die Geschehnisse aus der Erinnerung zu malen. Das Bild hängt heute im Musée des Beaux-Arts in Lausanne und war Meyer höchstwahrscheinlich bekannt.

Prosper Mérimée, Die Bartholomäusnacht

Ich hatte reichlich viel Denkwürdigkeiten und Schmähschriften gelesen, die sich auf den Ausgang des sechzehnten Jahrhunderts beziehen. Ich kam darauf, aus dem Gelesenen eine Zusammenfassung zu machen. Hier ist sie.
In der Geschichte liebe ich nur die Anekdoten, und unter den Anekdoten mag ich am liebsten solche, von denen ich mir einbilde, daß sie ein treues Sitten- und Charakterbild einer bestimmten Zeit geben. [...]
Mich dünkt, es spricht alles dagegen, daß jenes große Blutbad die Verschwörung eines Königs gegen eine Partei seines Volkes gewesen sei. Ich sehe in der Bartholomäusnacht einen Aufstand des Volkes, der nicht vorausgesehen werden konnte, und der unerwartet losbrach.
In aller Bescheidenheit will ich die Erklärung des Rätsels geben. Coligny hatte dreimal mit seinem Herrscher um die Macht verhandelt. Dies war ein Grund, ihm verhaßt zu sein. Johanna von Albret war tot, die beiden Prinzen, der König von Navarra und der Prinz Condé waren zu jung, um irgendwelchen Einfluß auszuüben. So war Coligny in der Tat das einzige Haupt der protestantischen Partei. Bei seinem Tode kamen die beiden Prinzen, die im feindlichen Lager und sozusagen Gefangene waren, unter den Willen des Königs zu stehen. Daher war Colignys Tod, und einzig Colignys Tod, wichtig, um Karls Macht zu befestigen, der vielleicht ein Wort des Herzogs von Alba nicht vergessen hatte: ›Der Kopf eines Lachses ist mehr wert als zehntausend Frösche.‹ [...]
Zu jener Zeit waren die Einwohner von Paris entsetzlich fanatisch. Die militärisch organisierte Bürgerschaft bildete eine Art Reichswehr, die beim ersten Klange der Sturm-

glocke zu den Waffen greifen durfte. So sehr die Pariser den Herzog von Guise um das Andenken seines Vaters und seiner eigenen Verdienste willen liebten, so sehr haßten sie die Hugenotten, die sie zweimal belagert hatten. [...]
Es ist schwer zu entscheiden, welchen Anteil der König am Blutbade nahm. Billigte er es nicht, so verhinderte er es doch auch nicht. Nach zwei Tagen des Mordens und der Untaten leugnete er alles und wollte dem Gemetzel ein Ende setzen. Aber des Volkes Wut war entfesselt, und um es wieder zu beruhigen, genügte ein wenig Blut nicht. Dreißigtausend Menschen fielen zum Opfer. Der König vermochte der Sturzflut, die über ihn hinraste, nicht zu widerstehen. Er machte seine Anordnungen zum Frieden rückgängig; ja, er gab Befehle, die das Blutbad über ganz Frankreich ausdehnten.

Mérimée: Gesammelte Werke. Hrsg. von Arthur Schurig. Bd. 3. Übers. von Carola von Crailsheim und Gertrud Vogel. München: Buchenau & Reichert, [1925]. Vorwort S. 7–19

[Zu 24,32–25,5 Der Admiral ... Richter in Israel.]

Er selber war auffällig schlicht gekleidet, völlig in Schwarz. [...] Ein langer weißer Bart wallte ihm auf die Brust. Sein schmales Gesicht erschien geradezu ausgehöhlt, durch eine tiefe Narbe, die vom Bart nur wenig verdeckt wurde. [...] Seine Miene war eher traurig als streng, und man sagte, seit dem Tode des tapferen Dandelot habe er nicht mehr gelächelt. [...] Dieser große Mann wurde von seinen Glaubensgenossen als Held und Heiliger verehrt und geliebt, mehr als ein König.

Ebenda, S. 88 f.

[Zu 40,24–27 Da herrschte ... Waldhorn.]

Es war einfach eingerichtet; regellos an der Wand aufgehängte Jagdwaffen bildeten den einzigen Schmuck. Zwischen einer langen Büchse und einem Jagdhorn hing ein nicht schlechtes Madonnenbild; darüber ein großer Buchsbaumzweig. Papiere und Bücher bedeckten den Tisch, an dem der Fürst schrieb. Auf dem Fußboden lagen ein Rosenkranz, ein kleines Stundenbuch, Falkennetze und Glöckchen wirr durcheinander. Ein großer Windhund schlief auf einem Kissen.

Ebenda, S. 171

[Zu 45,11–29 Zwei lange Stoßklingen ... brach zusammen.]
Bernhard war tapfer und kaltblütig. Er war ein leidlicher Fechter und seinem Gegner an Körperkraft überlegen. Comminges war offenbar von den Anstrengungen der letzten Nacht müde. Eine Zeitlang begnügte sich Bernhard, vorsichtig zu parieren und auszuweichen, wenn Comminges ungestüm ausfiel. Dabei hielt er ihm die Spitze seines Degens vor das Gesicht, während er sich mit dem Dolch deckte. Der unerwartete Widerstand reizte Comminges. Er ward blaß. Bei einem unerschrockenen Mann ist Blässe ein Zeichen außerordentlicher Erregung. Wütend verdoppelte er seinen Angriff. Bei einem Ausfall schlug er mit großer Geschicklichkeit Bernhards Degen zur Seite, und er hätte ihn mit einem wuchtigen Nachstoß zweifellos durchbohrt, wäre nicht durch einen wunderbaren Zufall der Stoß abgeschwächt worden. Der Degenstoß traf auf das goldne Medaillon, glitt daran ab und nahm einen andern Weg. Statt in die Brust drang er nur in die Haut, glitt an der fünften Rippe entlang und kam zwei Zoll von der Eingangswunde wieder heraus. Ehe Comminges seine Waffe zurückziehen konnte, stieß ihm Bernhard den Dolch so heftig gegen den Kopf, daß er das Gleichgewicht verlor und zu Boden stürzte. Comminges fiel über ihn, und die Sekundanten hielten beide für tot. Ebenda, S. 129 f.

[Zu 46,12–14 Laß mich ... getötet?]
Gott behüte mich! rief Bernhard und ward über und über rot. Es fällt mir nicht ein, an papistische Reliquien zu glauben. Ebenda, S. 123 f.

[Zu 49,30–50,22 Als wir allein ... sagte sie.]
Einige Minuten lang schwieg sie. Dann wandte sie sich plötzlich um und sagte spöttisch: Vala me Dios! V. M. no es caballero; es un monge. (Gott verzeih mir! Ihr seid kein Ritter. Ihr seid ein Mönch!) Mit heftiger Handbewegung warf sie die brennenden Kerzen um. Flaschen und Platten fielen zu Boden. Das Licht erlosch. Sie riß die Maske ab. In der Dunkelheit fühlte Bernhard einen brennenden Mund, der den seinen suchte, und zwei Arme, die sich leidenschaftlich um ihn schlossen. Ebenda, S. 161 f.

IV. Dokumente zur Entstehungsgeschichte

Adolf Frey:

»Im Winter 1872 auf 1873 diktierte er [C. F. Meyer] der Schwester das ›Amulet‹. Seine Anfänge reichen in die erste Hälfte der sechziger Jahre zurück, aufgebaut auf persönlichen Stimmungen und Erinnerungen. Er beabsichtigte damals, die Erlebnisse eines jungen Deutschschweizers darzustellen, der, etwas weltfremd und verträumt, in die schärfere Luft des welschen Wesens, in ein festeres, anfangs gefürchtetes, dann wohltätig empfundenes nationales Element hinein gelangt. Der Held wandert im Glanz eines Frühlingsmorgens zwischen den Mauern der Rebberge den Neuenburger See entlang, um dem ein Landgut bewohnenden Freunde seines unlängst verstorbenen Vaters seinen Empfehlungsbrief zu überbringen. Von einem ergrauten Diener empfangen, gewärtigt er das weitere auf der Gartenterrasse mit ihren steinernen Bänken. Bald erscheint der Hausherr, völlig anders, als ihn der Jüngling sich vorgestellt, nicht scharf und grämlich, sondern ein alter, vornehmer Calvinist, mild und fein, hindurchgegangen durch mancherlei Leid und Verfolgung. Conrad Ferdinand Meyer kannte solche Waadtländer Herren, die man sich wohl – denn er verlegte die Begebenheit in die Zeit der Gegenreformation – um drei Jahrhunderte zurück und mit dem langen Degen an der Seite denken konnte. Er zeichnete die anziehende Gestalt des Mannes, sowie die Züge der Landschaft mit Liebe. Aber er rückte nicht über die wenigen Anfangsblätter hinaus und wollte lange nicht mehr daran, indem er äußerte, das Ganze sei nicht genügend motiviert und durchdacht, so daß er ins Gestrüpp gerate.«

Frey, S. 253 f.

Betsy Meyer an Dora de Roche-Eidenbenz, 2. Februar 1909:

»Auch mein Bruder [...] war einst gewaltig und tief erfaßt von ›der sittlichen Macht des Hugenottentums‹, und vertiefte sich mit Feuer in die Geschichte des Admirals Coligny u. in dessen große Pläne und Kämpfe für ein mächtiges u.

gerechtes Frankreich. – Er liebte diese edle Gestalt u. hat sich lange damit beschäftigt sie tragisch auszuformen. – Gewiß dachte er auch hier wie bei allen seinen großen Stoffen an dramatische Behandlung. Aber gerade bei diesem Lieblingsstoffe gelang es ihm am wenigsten sich kräftig zu konzentrieren und die Fülle des Details streng zu ordnen u. zu beschränken, – so entstand aus vielen Studien und langer Liebesmühe zuletzt das kleine ›Amulet‹. Viele einzelne Splitter aber verarbeitete er zu Gedichten [...]. Das Louvre war sein größter, einheitlichster Eindruck in Paris. Ein gewaltiger historischer Eindruck, dem er in vielen Richtungen nachging. Er hörte Vorträge des protest[antischen] Historikers Barthelmy St. Hilaire. Was trug er wohl damals [1857] vor?«

Conrad Ferdinand Meyer: Sämtliche Werke. Historisch-kritische Ausgabe. Hrsg. von Hans Zeller und Alfred Zäch. Bd. 11. Bern: Benteli, 1959. S. 222

Betsy Meyer an Adolf Frey, 2. Februar 1900:

»Vom Louvre empfing er einen großen überwältigenden Eindruck historischer Größe. ›Das ist große Geschichte‹, konnte er wohl von diesem ihm unvergeßlichen Bauwerke sagen. Natürlich trieb ihn dieser Eindruck zum liebevollen Studium dieser Geschichte, zu Karl X. [gemeint wohl IX.], zum Admiral Coligny, der ihm sympathisch war.«

Ebenda, S. 222

Meyer an Georg von Wyß, 4. Mai 1868:

»Über die S. Barthélemy ist, neben Tavannes und Marguérite de Valois, besonders eine gewisse relation oder récit wichtig, die dem duc d'Anjou (später Heinrich III.) zugeschrieben wird, ein Ursprung, den Michelet behauptet, Ranke bestreitet. Dieses bedeutende Stück befindet sich gewiß auf der Stadtbibliothek, aber wo? [...]

Es ist eine Monographie über die S. Barthélemy vorhanden, deutsch, von einem gewissen Soldan, von Schmidt in Straßburg ins Französische übersetzt, wo die verschiedenen Berichte verglichen und discutirt sind. Ist das Buch wohl in Zürich zu haben?«

Briefe, hrsg. von Frey. Bd. 1. S. 32 f.

Meyer an seinen Verleger Hermann Haessel, 29. Dezember 1869:

»Vorerst bin ich mit einer Novelle (Bartholomäusnacht) beschäftigt, die zu Ostern fertig sein dürfte.«

Briefe, hrsg. von Frey. Bd. 2. S. 30

Betsy Meyer an Hermann Haessel, 13. März 1873:

»Gestern abend hat mein Bruder eine schöne Novelle mit historischem Hintergrund fertig geschrieben. Sie trägt den Titel ›Das Amulet‹ und erzählt die Erlebnisse zweier jungen Schweizer, eines Calvinisten und eines Katholiken, in Paris vor und während der Bartholomäusnacht [...]. Die Erzählung ist wohl das Wärmste u. Fesselndste, – als Composition wohl auch das Vollendetste, was C[onrad] noch schrieb.«

C. F. Meyer: Sämtliche Werke, Bd. 11. S. 223

Meyer an Louis Vulliemin, 26. April 1873:

»La nouvelle [...] est assez fortement pensée, mais traitée simplement et objectivement à la façon de Cervantès. Rencontre d'un jeune Bernois et d'un jeune Fribourgeois dans la nuit de la Saint-Barthélemy. Tout tourne autour d'une médaille de Marie, d'une amulette qui sauve le protestant et perd le catholique.«

Ebenda, S. 224

V. Dokumente zur Wirkungsgeschichte

19. Jahrhundert

Paul Wislicenus:

»Diese Meisterschaft im Motivieren betätigt Meyer in der Novelle ›Das Amulet‹. Hier zeigt sich der Epiker als Erzähler. Das Amulett ist den besten Schöpfungen unserer Dichtkunst an die Seite zu stellen; und wenn mir zwischen Kleists berühmtem ›Michael Kohlhaas‹ und dem ›Amulet‹ die Wahl gelassen ist, so entscheide ich mich kurz für das letztere. Die einfache, anmutige Sprache, die Reinheit der Charakterzeichnung, die Meisterschaft in der Komposition und die Sorgfalt der Motivierung, vor allem aber der prächtig versöhnende Kontrast zwischen der Handlung und dem düsteren furchtbaren Hintergrunde der Hugenottenschlächterei in der Bartholomäusnacht – das alles ruft weit ungemischtere Empfindungen hervor, als die in Romantik versinkende Schöpfung Kleists. Das historische Kolorit aber ist von solcher Echtheit, daß wir das Behagen empfinden, welches nur eine echt dichterische Auffassung vergangener Zeiten in uns wachzurufen vermag und welches die halbwissenschaftlichen Arbeiten Freytags und Scheffels nicht in dem Maße zu erwecken vermögen. Dieser Coligny, dieser Karl IX. sind freilich nicht die Rankeschen, aber die des Parnaß und der Musen, und Figuren, wie die des jungen Boccard, des Helden selbst, seiner Gasparde und des niederträchtigen Guiche sind so vorzüglich, daß die Kritik verstummen muß, wenn sie ehrlich und nicht allzu dumm ist. Nicht minder ausgezeichnet wie die Hauptpersonen aber sind die Nebenfiguren – alle, selbst wenn man sie, wie Colignys Bruder, nur vom Hörensagen kennen lernt. Ich erinnere nur an den gemeinen Czechen. Derselbe ist ein weiterer Beweis für des Dichters Meisterschaft im Motivieren. Er motiviert mit *einer* Begebenheit meist mehrere auf einmal, und das alles weiß er auf so zwanglose, natürliche Weise zu tun, daß selbst das kritische Auge das Motiv nur schwer darin erkennt. Der Czeche wird noch vor Beginn der eigentlichen Handlung – der Reise des Helden von seinem Landgute am Bieler See nach Paris – als Fechtmeister bei demselben eingeführt. Die mit der durch die Geradheit des jungen Helden ermöglichten Flucht desselben endende Episode motiviert nun erstens den Entschluß zur Pariser Reise, da das Erlebnis ihm den Aufenthalt zu Hause verbittert, zweitens motiviert sie die Rettung des Helden in dem Duell mit dem gefährlichen Guiche durch das Amulet, da wir in den Fechtstunden unseren Helden als schlechten Fechter kennen gelernt haben, und drittens führt sie gar die Rettung desselben aus der Hugenottenschlächterei herbei, indem der Czeche – ein echt menschlicher Zug an dem im übrigen herzlich gemeinen Burschen – seine Rettung an dem Urheber derselben vergilt.«

Rezension in: Die Litteratur. Wochenblatt für das nationale Geistesleben der Gegenwart. 14. 11. 1873

Rezension in der Neuen Freien Presse, 13. März 1874:

»Wie viele von den Tugenden dieser Novelle schon in jenen ›alten, vergilbten Aufzeichnungen‹ enthalten sind, die unser Dichter benutzt zu haben vorgibt, und ob seine Arbeit nur wirklich darin besteht, sie ›in die Sprache unserer Zeit übertragen zu haben‹, das wissen wir allerdings nicht; aber auch wenn wir diesen bescheidenen Fall gelten lassen, bleibt es des Autors Verdienst, einen glücklichen Fund mit glücklichem Verständnis verwertet zu haben.«

Betty Paoli:

»An der genau abgewogenen Gruppierung der Personen und Begebenheiten merkt man das Walten eines künstlerischen Geistes, der die hier naheliegende Gefahr zu vermeiden wußte, entweder die historischen Ereignisse auf Kosten der erfundenen Handlung zu betonen oder durch das Übergewicht der letzteren die Darstellung jener zu verkleinlichen. Hier sehen wir das Allgemeine und das Persönliche sich gegenseitig bedingen und zu einem Zeitbild voll überzeugender Treue sich verschmelzen.«

Rezension in: Wiener Abendpost. Beilage zur Wiener Zeitung. 31. 3. 1874

Carl Spitteler:

»Das Auffallendste an Meyers Kompositionsstil ist die beispiellose Bewußtheit des Schaffens. Da ist kein Motiv, das nicht seinen bestimmten, genauen Zweck hätte, sei es nun ein Zweck der psychologischen Erklärung oder des Wahrscheinlichkeitsbeweises für den Verstand oder des malenden Reizes oder des historischen Kostüms oder was für einer sonst; immer ist ein Zweck nachzuweisen, und jede Einzelheit bedeutet mehr als sie selbst, nämlich zugleich ein Mittel.«

Spitteler: Die Eigenart Conrad Ferdinand Meyers. In: C. Sp., Gesammelte Werke. Bd. 7. Zürich: Artemis Verlag, 1947. S. 483

»Die Vorliebe für das historische Detail erkläre ich aus der gründlichen gelehrten Bildung des Autors; doch hier braucht es der Erklärung gar nicht; gibt es doch aus dem ganzen Bereiche des Wissens nichts, was an sich interessanter wäre als die Geschichte, geschweige denn für einen Dichter. Erstaunlich aber und jeder Nachahmung spottend ist die Meisterschaft, mit welcher stets das Prägnanteste unter dem historischen Detail gewählt wird, und zwar aus dem Gedächtnis gewählt.«

Ebenda, S. 487

»Herb, körnig, kurz, energisch, originell bis zur Manier, in jedem einzelnen Fall zutreffend, und mehr als das: sinnerschließend und Gestalten formend, – das ist Meyers Stil, ein Lapidarstil im eigentlichen Sinn des Wortes, da die Logik mit Meißel und Hammer gehandhabt wird.«

Ebenda, S. 488

»[Das Geheimnis des Stils] heißt Kontrast. In Meyers Kompositionen ist der Inhalt von düsterer Tragik, die Sprache von rauhem Marmor; dazwischen aber leuchten die Personen, die Kostüme, die Szenen und die Landschaften von der ersten bis zur letzten Seite [...].«

Ebenda, S. 488

»Es ist etwas von der stolzen, spröden, keuschen Herbigkeit des Hugenotten in unserm großen Landsmann, der zwar den blühenden Reichtum der Renaissance vermissen läßt, dafür jedoch den Willen und die Charakterfestigkeit hinzubringt. Wo einmal die Phantasie versagt, da bleibt immer noch die Gebärde, um den Adel der Persönlichkeit zu bekunden. So haben die Tyrannen und Condottieri, so hat ein Michelangelo, so haben die großen Frauen der Renaissance gedichtet, mehr mit der Energie als mit der Phantasie, hauptsächlich darauf bedacht, den Inhalt des zu Sagenden klar, knapp und genau mitzuteilen, ohne blumige Zutaten, besonnen in der Begeisterung, allezeit mit der Gesamtheit der denkenden Persönlichkeit schaffend. Darum wirkt auch Meyers Poesie männlicher als jede andere. Wenn wir aber beiläufig fragen, woher Conrad Ferdinand Meyer seine literarische Männlichkeit bezieht, so stehe ich nicht an – und auch das stimmt zum Hugenotten – zu sagen: aus Frankreich. Je öfter ich seine Novellen lese, desto unbedenklicher urteile ich: das ist französisch, nicht deutsch, französisch bis in den Bau des Satzes; wohlverstanden, nicht modernfranzösisch, sondern französisch aus der klassischen und vorklassischen Zeit, das Französisch der großen Memoirenschreiber und das Französisch von Navarra. In den Gedichten erscheint die Herkunft durch den deutschen historisch-humanistischen Fortbildungsstoff etwas maskiert; wenn wir indessen näher zusehen, so wird auch hier die italienische Renaissance durch das Medium französischer Erziehung angeschaut und dementsprechend modifiziert. Überhaupt möchte ich die gesamte Kunstweisheit unseres Dichters, vor allem sein eminentes Formgefühl, auf französische Ursprünge zurückführen.«

Spitteler: Conrad Ferdinand Meyers Gedichte.
Ebenda, S. 490 f.

»[Über die Manieriertheit des Meyerschen Individualstils:] Ich möchte nicht rundweg leugnen, daß hie und da etwas selbstgefällige Koketterie mit dem Herben und häufiger noch einige Draperie und Pose stattfinde, allein daß dergleichen eitle, fehlerhafte Ziererei wäre, muß ich bestreiten. Vor allem in der Prosa, also in den Novellen, wo die Sonderbarkeiten der Sprache am auffallendsten auftreten, läßt sich ein sehr guter Daseinsgrund dafür finden: der Umstand, daß Prosa, wenn sie zur Kunst erhöht werden soll, einer Umwandlung aus der vulgären Alltagssprache schlechterdings nicht entbehren kann.«

Ebenda, S. 492

»Jedes Dichters Natur ist eine komplizierte; und zu Conrad Ferdinand Meyers Natur gehört nun einmal ein gewisses Pathos auch der äußern Gebärde. Wer möchte das tadeln? Ich nicht, denn es ist die Kehrseite und teilweise die Bedingung seiner Größe.«

Ebenda, S. 493

Abrechnung des Verlegers Haessel an Meyer vom 14. September 1874 (Auszug):

Amulet. Herstellungskosten Tlr. 125			
Auflage		750	
Vorrat	331		
Freiexemplare	69	= 400	
		ab 350 à 11½ Ngr. =	134.5
Herstellungskosten			125.–
		Gewinn	9.5

Zitiert nach Frey, S. 413

20. *Jahrhundert*

Robert d'Harcourt:

»Welchen Wert hat Meyers Novelle, wenn man sie von innen her beurteilt? Dieses kleine Werk – welches viele Fakten, zu viele Fakten enthält! – ist sehr trocken, sehr grau, ganz ohne Glanz. Der Autor hat es offenbar auf eine bestimmte Wirkung abgesehen, der der künstlerischen Nüchternheit. Er ist über sein Ziel hinausgeschossen und sein Werk leidet in Wirklichkeit an einer Dürftigkeit.«

d'Harcourt: Conrad Ferdinand Meyer. Sa vie, son œuvre (1825–1898). Paris: Alcan, 1913. S. 242. Übers. vom Hrsg.

»[›Das Amulett‹ zeigt einen schwerwiegenden Fehler auf;] das eigentliche Problem der historischen Novelle oder des historischen Romans wird hier auf keinen Fall gelöst: nämlich des poetischen Gebrauchs der Geschichte. Diese darf im Roman nur der Hintergrund sein, sie darf jedoch niemals die ästhetische Wirkung behindern. Man verzeiht dem ›Romancier der Geschichte‹ gerne seinen freizügigen Umgang mit den historischen Tatsachen, man verzeiht ihm jedoch kaum eine Stelle wie die folgende, die von der didaktischen Trockenheit eines Handbuches ist: [folgt Text 36, 27–37,18.]«

Ebenda, S. 244

Robert Faesi:

»Dieser Fatalismus, der dem Dichter seit den Jahren der eignen Willensschwäche und dumpfer, kleinlauter Ergebenheit ins Schicksal anhaftet und den er nie mehr völlig los wurde, ja, der als religiöser amor fati auf seinem Grunde Anker geworfen hatte, widerstreitet allerdings seinem Gerechtigkeitsgefühl und ethischem Empfinden, und so wenig wie Schadau selbst weiß er die calvinistische Vorbestimmung auf die persönliche Freiheit zu reimen.«

Faesi: Conrad Ferdinand Meyer. Frauenfeld: Huber, [2]1948. S. 118. (Die 1. Auflage wurde als Einleitung zu den Werken C. F. Meyers in 4 Bdn. Leipzig: Haessel, 1924 gedruckt.)

Harry Maync:

»Meyer ist [im ›Amulett‹] noch zu sehr dichtender Historiker, der an der Hand von geschichtlichen Quellen eine Staatsaktion nacherzählt. Ein Übermaß von historischen Daten, ein Zuviel an direktem Auftrag von Zeit und Lokalfarbe verdunkelt das Dichterische. Auch durchdringen sich die geschichtliche und die menschliche Handlung nicht innerlich; [...] den handelnden Menschen, deren Seelenleben doch den wahren Gegenstand der Dichtung bilden sollte, bleibt zu wenig Raum sich auszuwirken. Die Charaktere der beiden Helden sind nur obenhin durchgearbeitet, muten steif, blaß, blutarm an und weisen keine innere Entwicklung auf. [...] Besonders matt und farblos ausgefallen ist die Liebeshandlung zwischen Schadau und Gasparde. [...] Am besten sind dem Dichter noch die Nebenfiguren gelungen, für die wenige Züge zur Charakterisierung genügten [...]«

Maync: Conrad Ferdinand Meyer und sein Werk. Frauenfeld, Leipzig: Huber, 1925. S. 144

»[...] der Stil [entbehrt ...] der recht eigenen Note. Die Vorlage blickt überall durch, man spürt die Werkstatt und die aufgewandte Mühe. Wir vermissen Leben und Wärme, den schlagenden Puls. Manches wirkt unfrei und ungeschickt, und zumal im Anfang waltet eine gewisse chronikalische Trockenheit vor.«

Ebenda, S. 145

Walther Linden:

»Die Rahmenerzählung, die einfache Niederschrift einer Erinnerung, ist ohne Kunst durchgeführt; Geschichtliches und Seelisches decken sich nicht völlig, so daß ein unverarbeiteter Rest von Stofflichem übrigbleibt. ›Eine ungeheure Dummheit‹ belacht die Marmorstatue auf der Louvrezinne: der Dichter hat den tieferen Sinn der Geschichte noch nicht gefunden. Der Rest von symbolisch Unauflösbarem in dieser Geschichte ist zu stark.«

Meyer: Sämtliche Werke in 6 Teilen. Hrsg. von Walther Linden. Berlin, Leipzig: Bong, 1929. 5. Teil. S. IV

John C. Blankenagel:

»Meyers Objektivität hindert ihn daran, sich für die Hugenotten oder die Katholiken zu entscheiden, zu moralisieren oder das Verhalten seiner Figuren zu kritisieren. Auch ist hier kein didaktischer Zug vorhanden, der die objektive künstlerische Vollendung gefährden könnte.«

Blankenagel: Conrad Ferdinand Meyer, Das Amulett. In: Journal of English and Germanic Philologie 33 (1934) S. 279

Josef Kunz:

»[Im ›Amulett‹ bleibt] Schadau, wenn nicht mit eigenem Willen, so doch durch das Schicksal genötigt, immer am Rande jener Ereignisse und Kämpfe, an denen teilzunehmen er aus seiner Heimat aufgebrochen war. Auch hier spielt – unter anderen Voraussetzungen – die merkwürdige Enthobenheit eine große Rolle und bestimmt das Ganze. Und wiederum waltet im Grunde jener unmenschliche Mechanismus – hier im Sinne einer falsch verstandenen Prädestinationslehre gedeutet –, der den Helden von jedem echten Wagnis fernhält. So steht Schadau am Ende als derselbe da wie am Anfang: als einer nämlich, der Zeuge vieler

Schicksale war, aber immer von außen als Zuschauer, nie in dem Sinn, daß er selbst sein Leben als Einsatz hineingegeben hätte.«

Kunz: Geschichte der deutschen Novelle vom 18. Jahrhundert bis auf die Gegenwart. In: Deutsche Philologie im Aufriß. Hsrg. von Wolfgang Stammler. Berlin: Schmidt, [2]1960. Bd. 2. Sp. 1869

Fritz Martini:

»Meyers Schicksalsglaube und Schicksalsresignation, gegründet auf der Prädestinationslehre des Calvinismus, aber, wie schon ›Das Amulett‹ zeigt, im ungelösten Widerspruch zu der Gewissensentscheidung des moralisch-autonomen Menschen, enthält Christliches wie einen antiken amor fati. Christliches – das heißt Gottes Fügung, Heiligkeit des Unerforschlichen, Bergung und Gnade; aber es verbindet sich unlöslich mit einer stummen und verzichtenden Ergebung in das Dunkel-Unbekannte, das die Züge des Verhängnisses annimmt.«

Martini: Deutsche Literatur im bürgerlichen Realismus 1848–1898. Stuttgart: Metzler, 1962. S. 811

»Es geht um das Rätsel des Schicksals, das dem Menschen begegnet. Dieser Mensch steht seinem Geschick gegenüber – am Rand des Geschehens, untätig, hineingenötigt in einen Mechanismus der Ereignisse, der ihn zum ohnmächtigen Zuschauer macht. [...] In dieser Welt ist alles ins Schwanken, in den Widerspruch geraten. Das Geschick entscheidet in tiefer Ironie für den Protestanten, der von dem Amulett nichts, und gegen den Katholiken, der von ihm alles erwartet. Gott schweigt [...]. Nur in seiner individuellen Innerlichkeit [...] bewahrt der Mensch inmitten des Chaotischen eine humane Ordnung der Treue und Liebe. Aber das Humane ist vor dem Verhängten ohnmächtig. Es überlebt das Anarchische nur durch die Flucht, im Abgeschiedenen der inselhaften Idylle.«

Ebenda, S. 818 f.

Hellmuth H i m m e l:

»Die religiösen Probleme [...] sind [...] im ›Amulett‹ deutlich von der liberalistischen Sicht abgehoben: die Mißstände im Klerus, [...] die charakterlichen Mängel bei den Vertretern der katholischen Partei, ja selbst das Morden der Bartholomäusnacht [...] sind Randerscheinungen, die die Kernfrage einer religiösen Lebensauffassung nicht berühren.«

Himmel: Geschichte der deutschen Novelle. Bern, München: Francke, 1963. S. 310

Hans-Dieter B r ü c k n e r:

Zu 34,1–4 Gasparde wohnte ... leuchtend aufstieg.

»In religiöser Hinsicht erläutert die Szene den Unterschied, der zwischen dem fanatischen Katholiken und Gasparde besteht, die – in den Hugenottenkreis hineingeboren – von allen Personen der Novelle am wenigsten von der Religion berührt wird, gerade zu einer Zeit, wo das Hugenottentum alle zum Fortbestand nötigen Kräfte aufbieten muß. Das bestätigt auch ein kurz vor der Predigt zwischen Schadau und Gasparde stattfindendes Gespräch, in welchem das Mädchen gleichgültig über Panigarola und die eigene Religion bemerkt: [folgt Text 32,22–28.]«

Brückner: Heldengestaltung im Prosawerk Conrad Ferdinand Meyers. Bern: Lang, 1970. S. 22

Leo L ö w e n t h a l:

»[Es ist] für Meyer bezeichnend, daß sich seine Novellen auf bestimmte Zeiten, bestimmte Personen, bestimmte Situationen, bestimmte Typen beschränken. In seinen Novellen ist das Individuum weder wie bei Goethe im Schoße einer prinzipiell harmonisch geordneten Welt aufgehoben, noch wird es zur Erfüllung hinausgetrieben; in der Stilisierung von Raum, Zeit und Menschen drückt sich vielmehr ein bestimmter Zwangscharakter aus, den ein außerordentlicher Mensch der Welt aufzuprägen wünscht.«

Löwenthal: Conrad Ferdinand Meyer – die Apologia des Großbürgertums. In: L. L., Erzählkunst und Gesellschaft. Die Gesellschaftsproblematik in der deutschen Literatur des 19. Jahrhunderts. Darmstadt, Neuwied: Luchterhand, 1971. S. 177

»Bei der Auseinandersetzung der feindlich sich gegenüberstehenden Gruppen, die sich vor allem in den Formen des erregten Disputs oder des blutigen Kampfes Mann gegen Mann abspielt, erhält keine der Parteien vom Dichter Recht. Das bedeutet in dem hier in Frage stehenden Gedankenzug, daß die Inhalte dieser großen geschichtlichen Kämpfe völlig belanglos sind, daß es auf sie überhaupt nicht ankommt, es sei denn als eine bunte und phantastische Folie für den Admiral Coligny.«

Ebenda, S. 117 f.

»Die Geschichte wird zum Schauplatz der Heroen, zur Gelegenheit des großen Spiels großer Individuen.«

Ebenda, S. 179

Zu 36,27–37,18 »Was mir der Admiral ... eines ersten Gelingens.«

»Diese Stelle vermittelt einen Einblick in die Welt Meyerscher Helden: ausgedehnte Unternehmungen werden geplant, es geht um gewagte Kombinationen, immer geht es um ein großes Spiel, immer muß ein großer Wurf getan werden. So treibt hier der hohe französische Offizier große Politik, indem er die höchsten Personen des Hofes gegeneinander ausspielt, ohne irgendjemanden einzuweihen, indem er mit der Ausrüstung einer irregulären Truppe, zu illegalen Mitteln greift – kurzum, so zu Werke geht, wie alle Menschen, die bei Meyer im Zeichen der Versuchung stehen. Damit wird der individualisierende Ausleseprozeß abgeschlossen: von einem Helden und seinen Entschlüssen hängt das Leben vieler ab, und nur unter diesem Aspekt ist deren Behandlung für den Dichter interessant.«

Ebenda, S. 187

Karl Fehr:

»Vergleichen wir den Novellenerstling mit der späteren Prosa, dann fallen gewisse Anfangs-Schwächen auf: eine Überfülle an Stoff und damit verbunden – weil sich der Dichter einer knappen Sprache bedient – ein oft beinahe rasanter, zu äußerst knappen Szenen zusammengefaßter Handlungsablauf. Aber da dies durchaus dem Tempo der dunkel gehaltenen historischen Novelle entspricht, tritt die Schwäche wenig zutage, um so weniger, als dem Dichter schon hier kräftige dramatisch-impressionistische Szenen gelungen sind. Die Novelle nimmt den Stil geraffter Film-Sequenzen voraus.«

Fehr: Conrad Ferdinand Meyer. Stuttgart: Metzler, 1971. S. 48

»Es ist ein humanistisches Grundanliegen, dem [Meyer...] Ausdruck verleiht: nämlich das Menschliche, das bald in Übereinstimmung, bald im Widerspruch zu den Zeitströmungen seinen Kampf kämpft, in seiner überpersönlichen, von den Bedingungen der kirchlichen und politischen freien Würde zum Leuchten zu bringen.«

Ebenda, S. 49

Alfred Zäch:
Zu 19,30–35 »Das ist ein dunkler ... Unsitten der Pfaffen!«

»So wenig befriedigt Boccard sein kann, so wenig ist es der Leser, der sich berechtigt glaubt zu erfahren, wie sich der Verfasser, der ja das Problem aufwirft und diskutiert, schließlich zu diesem stellt. Wir merken höchstens, daß Meyer vom Calvinismus fasziniert ist, aber doch über den Widerspruch zwischen Prädestinationsglauben und Glauben an die Gerechtigkeit Gottes nicht hinwegkommt. Eines der vielen Zeichen für Meyers Unentschiedenheit und Unklarheit in Weltanschauungsfragen!«

Zäch: Conrad Ferdinand Meyer. Dichtkunst als Befreiung aus Lebenshemmnissen. Frauenfeld, Stuttgart: Huber, 1973. S. 113

»Mag die Novelle manche Schwächen einer Anfängerarbeit haben, mag die Charakteristik der Personen etwas flächenartig geraten sein und die Motivierung des Handelns nicht überall genügen, mit dem ›Amulett‹ hat Meyer doch eine namhafte Probe seines erzählerischen Könnens gegeben, und als Auftakt zu Größerem bewahrt die Novelle ihre Bedeutung.«

Ebenda, S. 116

Gunter H. Hertling:

»[Im ›Amulett‹ zeigt sich Meyers Sinn des Vergangenen:] die ›ungeheure Dummheit‹ menschlicher Intoleranz im Traume bloßzustellen und zu zeigen, daß ›Einbildungskraft‹, ›schwere Gedanken‹ und ›Verwirrung‹ eben doch zu einem Traumerlebnis führen können, worin dem Menschen, auch dem einfachen, der Widersinn seiner dogmatischen Enge nahetritt.«

Hertling: Conrad Ferdinand Meyers Epik. Traumbeseelung, Traumbesinnung und Traumbesitz. Bern, München: Francke, 1973. S. 82

VI. Selbstzeugnisse C. F. Meyers

Adolf Frey berichtet:

»Im einzelnen äußerte er sich mir gegenüber ein und das andere Mal über die leitenden Forderungen seiner Erzählerkunst ungefähr folgendermaßen: ›Zu einem schönen Motiv muß man Sorge tragen wie zu seiner Seele und kann in der Wahl eines solchen nicht vorsichtig genug sein. Bei der Ausarbeitung suche ich alles so einzurichten, daß die einzelnen Teile ausnahmslos auf einen und denselben Punkt, d. h. den Mittelpunkt hinschauen. Die Personen schildere ich möglichst nur so, wie sie den Mithandelnden erscheinen. Dann halte ich vor allem darauf, die Charaktere zu mischen, weil das Leben und die Natur sie mischt. Ich übergehe die Arbeit immer von neuem, um die charakteristischen Züge, Schicht auf Schicht, tiefer zu legen und zu verstärken; unseren zeitgenössischen Schriftstellern fehlt es meistens an diesen Schichten; sie zeichnen einfach falsche Konturen und bemalen sie dann mit grellen Farben, um auf solch billigem Wege eine Wirkung zu erzielen. Die Geschichte benutze ich natürlich nach Möglichkeit, verfahre aber ganz souverän mit ihr, indem ich nicht ruhe, bevor ich das Materielle der Historie der Willkür der Poesie unterworfen habe.‹«

Frey, S. 288 f.

Meyer an Georg von Wyß, 16. Januar 1871:

»[...] aber die unabweisliche Aufgabe, einen historischen Stoff mit dem Leben der Gegenwart zu durchdringen, ist eben die schwerste von allen.«

Briefe, hrsg. von Frey. Bd. 1. S. 33

Felix Dahn, der von der Novelle begeistert war, kritisierte das Gespräch zwischen der Flußgöttin und der Karyatide. Meyer stimmte der Kritik zu, erklärte jedoch in einem Brief an Anna von Doss vom 2. Oktober 1873:

»Dahn hat Recht mit der weggewünschten Stelle, aber es war mir ein Bedürfniß, meinen persönlichen Abscheu u. Ekel, auch mit Durchbrech[un]g der Harmonie, in diesem im XVI. Jahrh. überhaupt unmöglichen Traum auszusprechen.«

Meyer: Sämtliche Werke. Historisch-kritische Ausgabe. Hrsg. von Hans Zeller und Alfred Zäch. Bd. 11. Bern: Benteli, 1959. S. 224 f.

Auf die Kritik Mathilde Wesendoncks, die Sprache sei nicht deutsch genug, antwortet ihr Meyer am 22. November 1873:

»Ihre Worte über das Amulet sind die Wahrheit selbst, ich beurtheile das Büchlein gerade so, vielleicht etwas weniger günstig, aber es sind gerade dieselben Punkte, die mir jetzt, da ich es à distance erblicke, ins Auge fallen. Auch das zuweilen Unbeholfene und Unflüssige der Sprache entgeht mir nicht – ich wüßte schon wie zu helfen wäre.«

Ebenda, S. 225

Meyer an Franz Brümmer, 11. März 1874:

»Das Amulet ist eine rein objectiv gehaltene, nach dem Vorgange der altitalienischen Meister knapp erzählte Novelle.«

Ebenda, S. 225

Meyer an Carl Spitteler, 11. Dezember 1882:

»[...] ich lege mich zeither jeden Abend realistischer zu Bette als ich morgens aufgestanden bin.«

Briefe, hrsg. von Frey. Bd. 1. S. 422

Meyer an Louise von François, 4. Mai 1883:

»Ich glaube, l[iebe] Freundin, wir denken in vielen Dingen überein, aber Sie würden sich vielleicht doch wundern, wie derselbe Mensch (sc. meine Wenigkeit) nicht nur soviel Sehnsucht nach ewigen Dingen sondern auch eine so große Anhänglichkeit an das Luterthum, die fest constituirte, protest. Kirche mit einer sehr strengen Kritik (einer unwillkürlich aus einer starken historischen Anlage hervorgehenden Kritik) der evang. Schriftstücke und – mehr noch – mit dem überzeugtesten Monismus, dem entschiedensten Mißtrauen in alle andern als *menschlichen* Kategorien vereinigen kann. Ich muß zuweilen selbst über diese Widersprüche lachen mit jenem nicht genug zu lobenden Leichtsinne, dessen ich gar sehr bedarf, um der starken melancholischen Ader das Gleichgewicht zu halten, welche ich von meiner lieben Mutter geerbt habe, und die meine ganze ›lyrische‹ Ader ist.«

Louise von François und Conrad Ferdinand Meyer. Ein Briefwechsel. Hrsg. von Anton Bettelheim. Berlin, Leipzig: de Gruyter, ²1920. S. 92 f.

Meyer im Gespräch mit Fritz Koegel:

»Was ich nun vom Romanischen bekommen habe, ist, kurz gesagt, der Sinn für die Gebärde, Geste. Es ist mir nicht zu entbehrendes Bedürfnis geworden, alles nach außen hin schaubar, sichtbar zu gestalten, auch in der Sprache.«

Koegel: Bei Conrad Ferdinand Meyer. Ein Gespräch. In: Die Rheinlande. Monatsschrift für deutsche Kunst. Jg. 1 (Oktober 1900). S. 29

»Keller hat der Menge gegenüber vor mir den Vorteil, daß er im Grunde Optimist ist. Daher ist er für die Menge. Denn so sind die Leute: sie drängen sich um den Brunnen des Lebens und sind froh, wenn sie mit ihrem Becherchen wenigstens ein Tröpflein auffangen. Die finden nun ihre Rechnung bei Keller, der alles gut enden läßt. Er kennt keine tragischen Ausgänge. Das ist ein Mangel, denn der Reiz des Daseins vollendet sich erst in beidem.«

Ebenda, S. 33

VII. Gedichte aus dem Stoffkreis des »Amuletts«

Die spanischen Brüder

»Da find ich dich! In Wintergraus
Hält dich ein deutsches Donaunest,
Ein schneebelastet Giebelhaus,
Kind einer heißen Sonne, fest.

Was treibst du hier? Mit toller Brunst
Bohrst du dich in Folianten ein?
Vom Teufel kommt die schwarze Kunst!
Griechisch? Die Kirche spricht Latein!

Darüber sitzest, Nacht um Nacht,
Du auf? Noch qualmt der Lampe Docht!
Auch siehst du bleich und überwacht,
Der sonst so weidlich ritt und focht!

Du darbst? Du meidest jede Lust?
Von allem Denken mach dich frei!
Verbrenn an einer warmen Brust,
Ertränk in Wein die Ketzerei!

Ergreife Schwert und Eisenhut!
Dem Spanier ward die Welt zum Raub!
Nach Flandern! Eh dein Edelblut
Versiegt in ekelm Bücherstaub!

Mein Bruder Juan, komm mit mir,
Beflecke nicht der Diaz Ruhm!
Ersäuf im Guadalquivir
Das gottverdammte Luthertum!

In Wittenberg hast du – absurd! –
Auf einer Schule Bank gehockt!
Bei diesem Dolch an meinem Gurt,
Ich morde den, der dich verlockt!

Der Vater ist ein alter Christ
Und sähe lieber dich im Grab!
Die Mutter, welche gläubig ist –
Der Mutter drückst das Herz du ab!

Nie hat ein Diaz falsch geglaubt!
Nicht wahr? *Uns* tust du nicht die Schmach,
Geliebter Bruder, teures Haupt!
Ich eilte deinen Schritten nach!

Juan, ich reiße dich heraus
Mit dieser meiner Arme Kraft!
Die Rosse stampfen vor dem Haus,
Geführt von meiner Dienerschaft.

Du schweigst? Bekenn mir, ob's geschah!
Tatst du den Schritt? Du schüttelst: Nein!
Wirst du ihn tun? Ja? Du nickst: Ja? . . .
Juan, es muß geschieden sein!«

Eng hält den Bruder er umfaßt,
Bang stöhnend senkt er Blick in Blick,
Küßt, küßt ihn noch einmal in Hast –
Und stößt den Dolch ihm durchs Genick.

Er hält den Bruder lang im Arm,
Mit unerschöpften Tränen netzt
Und badet er den Toten warm:
»Noch starbest als ein Christ du jetzt!«

Conrad Ferdinand Meyer: Sämtliche Werke. Historisch-kritische Ausgabe. Hrsg. von Hans Zeller und Alfred Zäch. Bd. 1. Bern: Benteli, 1963. Nr. 218. S. 368 f.

Das Weib des Admirals

Auf mondenhellem Lager wälzt ein Weib,
Ein schlummerloses, sich: »O banger Pfühl!
Auch du, mein sorgender Gemahl, du wachst!
Wer dürfte schlafen? Horch, die Folter stöhnt . . .
Erwürgte modern ohne Leichentuch,
Sieh unser Linnen, Chatillon, wie fein!
Gen Himmel schreit der Märtrer frommes Blut,
Ich schreie, Herr, in deinen Armen mit!
Mein Held, ich rede Zeugnis gegen dich
Vor Gott, entrollest du dein Banner nicht!«

Sie schweigt in düstrer Glut. Er sinnt und sagt:
»Erwäge, Weib, die Schrecken, die du wählst!
Dies Haus in Rauch und Trümmern! Dies mein Haupt
Verfemt, dem Meuchelmord gezeigt – geraubt!
Entehrt dies Wappen von des Henkers Hand!
Du mit den Knaben bettelnd auf der Flucht!
Wählst du dir solches? Nimm drei Tage Frist!«
»Drei Tage Frist? Sie sind vorbei. Brich auf!«

Ebenda, Nr. 221, S. 374

Hugenottenlied

In die Schule bin ich gangen
Bei dem Meister Hans Calvin,
Lehre hab ich dort empfangen:
Vorbestimmt ist alles ewighin!
Jeder volle Wurf im Würfelspiele,
Jeder Diebestritt auf Liebchens Diele,
Jeder Kuß –
Schicksalsschluß!

Dann bin ich zu Roß gestiegen
Mit dem Hauptmann Des Adrets,
Der das Kindlein in der Wiegen
Würgt und sich ergötzt an Qual und Weh!
Jeder First, der raucht und dampft und lodert,
Jeder Tote, der im Grabe modert,
Jeder Schuß –
Schicksalsschluß!

Ebenda, Nr. 222, S. 375

Die Karyatide

Im Hof des Louvre trägt ein Weib
Die Zinne mit dem Marmorhaupt,
Mit einem allerliebsten Haupt.
Als Meister Goujon sie geformt
In feinen Linien, überschlank,

Und stehend auf dem Baugerüst
Die letzte Locke meißelte,
Erschoß den Meister hinterrücks
(Am Tag der Saint-Barthelemy)
Ein überzeugter Katholik.
Vorstürzend überflutet' er
Den feinen Busen ganz mit Blut,
Dann sank er rücklings in den Hof.
Die Marmormagd entschlummerte
Und schlief dreihundert Jahre lang,
Ein Feuerschein erwärmte sie
(Am Tag, da die Kommüne focht),
Sie gähnt' und blickte rings sich um:
Wo bin ich denn? In welcher Stadt?
Sie morden sich. Es ist Paris.

Ebenda, Nr. 223, S. 376

Jean Goujon (1510–72), frz. Bildhauer, ermordet in der Bartholomäusnacht, die Meyer hier den Tagen der Kommune 1871 an die Seite stellt.

Mourir ou parvenir!

Herr Heinrich Guise schrieb. Da rauscht' Gewand –
Es war sein Lieb, das aus der Kirche kam,
Sein zärtlich Lieb, dem schäkernd aus der Hand
Er das mit Gold beschlagne Meßbuch nahm.
Er blättert' drin. Hell war's von Farbenglut
Und keckverschlungner Arabeskenzier –
»Geliebter, dich verdirbt dein Übermut!
Hinweg! Entflieh von hier!

Du bist zu hoch! Der König, feig und schlau,
Bebt wie ein Kind vor deinen mächtgen Brau'n!
Dich haßt er tödlich – glaub es einer Frau!
Ihn sah ich lächeln jüngst – mich schüttelt Graun!«
Zur Feder griff er. »Flora, schlanke Fei!
Wie könnt' ich leben«, seufzt' er, »fern von dir?«
Und schrieb ins Meßbuch, wo die Zeile frei:
Mourir –

»Versuche Gott nicht! Das Verderben reift!
Hinweg aus Blois! Mein Alles, Schmerz und Lust!
Ich weiß: in diesem Augenblicke schleift
Der Meuchelmord ein Schwert für deine Brust!«
In ihrem Büchlein schrieb er ruhig fort,
Soviel ihm Raum gewährte das Papier,
Als wär's ein auferbaulich Bibelwort:
– Ou parvenir!

»Mich so zu quälen! Schlimm hat mir geträumt!
Mein Gott! Du wandest dich in Todesschmerz!
Hinweg! Jetzt! Heute! Hörst du? Nicht gesäumt!«
Die Bange zog er kosend an das Herz,
Sie senkte des betränten Auges Glanz –
In kühnen Zügen stand der Spruch vor ihr,
Umrankt von einem üppgen Blumenkranz:
Mourir ou parvenir!

Ebenda, Nr. 224, S. 377 f.

Während seines Aufenthalts 1870 in Paris fand Meyer in der Pantheonbibliothek ein Gebetbuch mit der handschriftlichen, aus dem 16. Jahrhundert stammenden Zeile: mourir ou parvenir (sterben oder emporkommen). – Herzog Heinrich I. von Guise (vgl. Anm. zu 7,31 in Kap. I), der sich auf einer Versammlung der Stände in Orléans befand, wurde am 24. Dezember 1588 bei Blois auf Befehl König Heinrichs III. (vgl. Anm. zu 34,31) ermordet.

Das Reiterlein

Das Bächlein nimmt nach der Loire den Gang,
An beiden Seiten
Auf und ab, die Ufer entlang
Spähn sie und reiten.
Sie sind sich so nahe! Sie sind sich so fern!
»Bon jour, meine Herrn!«
Grüßt keck eine Stimme.

Ein feurig unbändig Reiterlein
Springt ab behende,
Setzt rechts ein Bein und links ein Bein
In beide Gelände:

»Groß ist der Sonne Glut –
Herrn, meint Ihr's gut,
Schafft eins zu trinken!«

Rechts kommt ein Pokal und links ein Pokal
Von verschiedener Helle,
Der: schäumender Champagnerstrahl,
Der andere: Purpurwelle –
»Katholik? Calvinist?
Hier ein Christ! Dort ein Christ!«
Er schlürft aus beiden Bechern.

»Mit streitender Theologie
Mach ich mir nichts zu schaffen,
Den Guisen überlaß ich sie,
Den Weibern und den Pfaffen!
Pred'gerrock? Meßgewand?
Stich und Schuß! Mord und Brand!
Ins Meer geschwemmte Leichen!

Bekennt mir, Herren, frei und frank:
Wie tut Ihr, wann Ihr dürstet?
Ihr setzt Euch rittlings auf die Bank
Und ruft nach Wein und bürstet!
Zug und Schluck! Schluck und Zug!
Noch ein Trunk! Nie genug!
Die einen wie die andern.

Genießt Ihr wonn'ge Minnelust
Nach Dogmen oder Schulen?
Kost alle nicht Ihr Brust an Brust
Mit Euren trauten Buhlen?
Tört Ihr nicht? Trügt Ihr nicht?
Schwört Ihr nicht? Lügt Ihr nicht?
Die einen wie die andern.

Drum lassen wir auf sich bestehn
Die Lehren, die uns trennten,
Da wir erbaulich einig gehn
In allen Elementen:
Erntefest! Winzertanz!

Ährenkranz! Traubenkranz!
Feldruhm und edle Waffen!«

Spricht's und es fährt ein elektrischer Schlag
Rundum und setzt alles in Flammen:
Frankreich hoch! Freudetag!
Heut wächst es zusammen!
Sie springen ins Wasser, sie waten im Fluß,
Sie spitzen die bärtigen Lippen zum Kuß,
Sie fallen sich all in die Arme.

Der Kleine drückt und küßt und herzt
Sie alle wie alte Bekannte.
»Wie aber, Herren, steht es«, scherzt
Er, »mit dem Proviante?
Alles her! Fleisch oder Fisch!
Ihr seid geladen heut zu Tisch
Bei Heinrich von Navarra.«

Ebenda, Nr. 225, S. 379–381

Die Füße im Feuer

Wild zuckt der Blitz. In fahlem Lichte steht ein Turm.
Der Donner rollt. Ein Reiter kämpft mit seinem Roß,
Springt ab und pocht ans Tor und lärmt. Sein Mantel saust
Im Wind. Er hält den scheuen Fuchs am Zügel fest.
Ein schmales Gitterfenster schimmert goldenhell
Und knarrend öffnet jetzt das Tor ein Edelmann ...

»Ich bin ein Knecht des Königs, als Kurier geschickt
Nach Nîmes. Herbergt mich! Ihr kennt des Königs Rock!«
»Es stürmt. Mein Gast bist du. Dein Kleid, was kümmert's mich?
Tritt ein und wärme dich! Ich sorge für dein Tier!«
Der Reiter tritt in einen dunkeln Ahnensaal,
Von eines weiten Herdes Feuer schwach erhellt,
Und je nach seines Flackerns launenhaftem Licht
Droht hier ein Hugenott im Harnisch, dort ein Weib,
Ein stolzes Edelweib aus braunem Ahnenbild ...
Der Reiter wirft sich in den Sessel vor dem Herd

Und starrt in den lebendgen Brand. Er brütet, gafft ...
Leis sträubt sich ihm das Haar. Er kennt den Herd, den
Saal ...
Die Flamme zischt. Zwei Füße zucken in der Glut.

Den Abendtisch bestellt die greise Schaffnerin
Mit Linnen blendend weiß. Das Edelmägdlein hilft.
Ein Knabe trug den Krug mit Wein. Der Kinder Blick
Hangt schreckensstarr am Gast und hangt am Herd
entsetzt ...
Die Flamme zischt. Zwei Füße zucken in der Glut.
»Verdammt! Dasselbe Wappen! Dieser selbe Saal!
Drei Jahre sind's ... Auf einer Hugenottenjagd ...
Ein fein, halsstarrig Weib ... ›Wo steckt der Junker?
Sprich!‹
Sie schweigt. ›Bekenn!‹ Sie schweigt. ›Gib ihn heraus!‹
Sie schweigt.
Ich werde wild. *Der* Stolz! Ich zerre das Geschöpf ...
Die nackten Füße pack ich ihr und strecke sie
Tief mitten in die Glut ... ›Gib ihn heraus!‹ ... Sie
schweigt ...
Sie windet sich ... Sahst du das Wappen nicht am Tor?
Wer hieß dich hier zu Gaste gehen, dummer Narr?
Hat er nur einen Tropfen Bluts, erwürgt er dich.«
Eintritt der Edelmann. »Du träumst! Zu Tische,
Gast ...«

Da sitzen sie. Die drei in ihrer schwarzen Tracht
Und er. Doch keins der Kinder spricht das Tischgebet.
Ihn starren sie mit aufgerißnen Augen an –
Den Becher füllt und übergießt er, stürzt den Trunk,
Springt auf: »Herr, gebet jetzt mir meine Lagerstatt!
Müd bin ich wie ein Hund!« Ein Diener leuchtet ihm,
Doch auf der Schwelle wirft er einen Blick zurück
Und sieht den Knaben flüstern in des Vaters Ohr ...
Dem Diener folgt er taumelnd in das Turmgemach.

Fest riegelt er die Tür. Er prüft Pistol und Schwert.
Gell pfeift der Sturm. Die Diele bebt. Die Decke stöhnt.
Die Treppe kracht ... Dröhnt hier ein Tritt? ...
Schleicht dort ein Schritt? ...

Ihn täuscht das Ohr. Vorüberwandelt Mitternacht.
Auf seinen Lidern lastet Blei und schlummernd sinkt
Er auf das Lager. Draußen plätschert Regenflut.

Er träumt. »Gesteh!« Sie schweigt. »Gib ihn heraus!« Sie schweigt.
Er zerrt das Weib. Zwei Füße zucken in der Glut.
Aufsprüht und zischt ein Feuermeer, das ihn verschlingt ...
»Erwach! Du solltest längst von hinnen sein! Es tagt!«
Durch die Tapetentür in das Gemach gelangt,
Vor seinem Lager steht des Schlosses Herr – ergraut,
Dem gestern dunkelbraun sich noch gekraust das Haar.

Sie reiten durch den Wald. Kein Lüftchen regt sich heut.
Zersplittert liegen Ästetrümmer quer im Pfad.
Die frühsten Vöglein zwitschern, halb im Traume noch.
Friedsel'ge Wolken schwimmen durch die klare Luft,
Als kehrten Engel heim von einer nächtgen Wacht.
Die dunkeln Schollen atmen kräftgen Erdgeruch.
Die Ebne öffnet sich. Im Felde geht ein Pflug.
Der Reiter lauert aus den Augenwinkeln: »Herr,
Ihr seid ein kluger Mann und voll Besonnenheit
Und wißt, daß ich dem größten König eigen bin.
Lebt wohl. Auf Nimmerwiedersehn!« Der andre spricht:
»Du sagst's! Dem größten König eigen! Heute ward
Sein Dienst mir schwer ... Gemordet hast du teuflisch mir
Mein Weib! Und lebst! ... Mein ist die Rache, redet Gott.«

Ebenda, Nr. 226, S. 382–384

Ein Pilgrim

's ist im Sabinerland ein Kirchentor –
Mir war ein Reisejugendtag erfüllt –
Ich saß auf einer Bank von Stein davor,
In einen langen Mantel eingehüllt,
Aus dem Gebirge blies ein harscher Wind –
Vorüber schritt ein Weib mit einem Kind,
Das, zu der Mutter flüsternd, scheu begann:
Da sitzt ein Pilgerim und Wandersmann!

Mir blieb das Wort des Kindes eingeprägt,
Und wo ich neues Land und Meer erschaut,
Den Wanderstecken neben mich gelegt,
Wo das Geheimnis einer Ferne blaut,
Ergriff mich unersättlich Lebenslust
Und füllte mir die Augen und die Brust,
Hell in die Lüfte jubelnd rief ich dann:
Ich bin ein Pilgerim und Wandersmann!

Es war am Comer- oder Langensee,
Auf lichter Tiefe trug das Boot mich hin
Entgegen meinem ewgen, stillen Schnee
Mit einer andern lieben Pilgerin –
Rasch zog mir meine Schwester aus dem Haar,
Dem braungelockten, eins, das silbern war,
Und es betrachtend, seufzt' ich leis und sann:
Du bist ein Pilgerim und Wandersmann.

Mit Weib und Kind an meinem eignen Herd
In einer häuslich trauten Flamme Schein
Dünkt keine Ferne mir begehrenswert,
So ist es gut! So sollt' es ewig sein ...
Jetzt fällt das Wort mir plötzlich in den Sinn
Der kleinen furchtsamen Sabinerin,
Das Wort, das nimmer ich vergessen kann:
Da sitzt ein Pilgerim und Wandersmann.

Ebenda, Nr. 231, S. 392 f.

VIII. Literaturhinweise

In Anbetracht der anderweitig leicht zugänglichen Bibliographien (Brunet 1967, Fehr 1971, Hertling 1973 sowie Jackson 1975) beschränken sich die Literaturhinweise auf die hier wichtigsten Titel der Werke und Forschungsliteratur.

1. Erstdrucke

Das Amulet. Eine Novelle von C. Ferdinand Meyer. Leipzig: Haessel, 1873.

Denkwürdige Tage. Zwei Novellen von Conrad Ferdinand Meyer. »Der Schuß von der Kanzel«, »Das Amulet«. Leipzig: Haessel, ^{2}1878.

2. Wissenschaftliche Ausgabe

Conrad Ferdinand Meyer. Sämtliche Werke. Historisch-kritische Ausgabe. Hrsg. von Hans Zeller u. Alfred Zäch. 16 Bde. Bern: Benteli, 1958 ff. [Noch nicht abgeschlossen.]

3. Briefe

Louise von François und Conrad Ferdinand Meyer. Ein Briefwechsel. Hrsg. von Anton Bettelheim. Berlin: Reimer, 1905. ^{2}1920.

Briefe Conrad Ferdinand Meyers. Nebst seinen Rezensionen und Aufsätzen hrsg. von Adolf Frey. 2 Bde. Leipzig: Haessel, 1908.

d'Harcourt, Robert: Conrad Ferdinand Meyer. La crise de 1852 – 1856. Lettres de C. F. Meyer et de son entourage. Paris: Alcan, 1913.

Briefe von Conrad Ferdinand Meyer, Betsy Meyer und J. Hardmeyer-Jenny. Hrsg. von Otto Schultheß. Bern: Francke, 1927.

Bissing, Friedrich Wilhelm von: Die Briefe Conrad Ferdinand Meyers an Mathilde Wesendonck. In: F. W. v. B., Mathilde Wesendonck, die Frau und die Dichterin. Wien 1942 [Essen: Essener Verlagsanstalt].

Doss, Anna von: Briefe über Conrad Ferdinand Meyer. Hrsg. von Hans Zeller. Bern: Benteli, 1960.

4. Rezensionen

Louis Vulliemin in der »Gazette de Lausanne«, 8. Oktober 1873.

Paul Wislicenus in »Die Litteratur. Wochenblatt für das nationale Geistesleben der Gegenwart«, 14. November 1873.

Neue Freie Presse, 13. März 1874.

Betty Paoli in der »Wiener Abendpost, Beilage zur Wiener Zeitung«, 31. März 1874.

5. Forschungsberichte

Konrad, Gustav: C. F. Meyer – Ein Forschungsbericht. In: Der Deutschunterricht, Jg. 3, H. 2 (1951) S. 72–81.

Oberle, Werner: Conrad Ferdinand Meyer. Ein Forschungsbericht. In: Germanisch-Romanische Monatsschrift, N. F. VI (1956) S. 231–252.

6. Erinnerungen

Koegel, Fritz: Bei Conrad Ferdinand Meyer. Ein Gespräch. In: Die Rheinlande. Monatsschrift für deutsche Kunst, 1. Jg. (Oktober 1900) S. 27–33.

[Meyer, Betsy:] Conrad Ferdinand Meyer in der Erinnerung seiner Schwester Betsy. Berlin: Paetel, 1903.

7. Forschungsliteratur

a. zu den Quellen

Lüderitz, Anna: C. F. Meyers ›Amulett‹ und seine Quelle. In: Archiv für das Studium der neueren Sprachen und Literaturen, N. S. XII (1904) S. 110–121.

Kaeslin, Hans: C. F. Meyers ›Amulett‹ und die ›Chronique du règne de Charles IX.‹ von Prosper Mérimée. In: Wissen und Leben, 2. Jg. (1908) S. 133–143.

b. zum Werk

Spitteler, Carl: Die Eigenart Conrad Ferdinand Meyers. In: C. Sp., Gesammelte Werke. Hrsg. von Gottfried Bohnenblust u. a. Zürich: Artemis Verlag, 1947. Bd. 7. S. 483–488. [Zuerst 1885.]

Spitteler, Carl: Conrad Ferdinand Meyers Gedichte. Ebenda, S. 489–495. [Zuerst 1891.]

Frey, Adolf: Conrad Ferdinand Meyer. Sein Leben und seine Werke. Stuttgart, Berlin: Cotta, 1900. [4]1925 [zitiert als Frey].

d'Harcourt, Robert: Conrad Ferdinand Meyer. Sa vie, son œuvre (1825–1898). Paris: Alcan, 1913. [»Das Amulett« S. 225–245, 464 bis 470.]

Faesi, Robert: Conrad Ferdinand Meyer. Frauenfeld: Huber, [2]1948. [Die 1. Aufl. wurde als Einleitung zu den Werken C. F. Meyers in 4 Bdn. Leipzig: Haessel, 1924 gedruckt.]

Maync, Harry: Conrad Ferdinand Meyer und sein Werk. Frauenfeld, Leipzig: Huber, 1925. [»Das Amulett« S. 139–145.]

Conrad Ferdinand Meyer: Sämtliche Werke in sechs Teilen. Hrsg. m. Lebensbild, Einleitungen u. Anmerkungen versehen von Walther Linden. Berlin, Leipzig: Bong, 1929.

Löwenthal, Leo: C. F. Meyers heroische Geschichtsauffassung. In: Zeitschrift für Sozialforschung, 2. Jg. (1933) S. 34–62.

Blankenagel, John C.: Conrad Ferdinand Meyer. Das Amulett. In: Journal of English and Germanic Philology, XXXIII (1934) S. 270 bis 279.

Kunz, Josef: Geschichte der deutschen Novelle vom 18. Jahrhundert bis auf die Gegenwart. In: Deutsche Philologie im Aufriß. Hrsg. von Wolfgang Stammler. Berlin: Schmidt, ^{2}1960. Bd. 2. Sp. 1795–1896.

Martini, Fritz: Deutsche Literatur im bürgerlichen Realismus 1848–1898. Stuttgart: Metzler, 1962. ^{2}1964. ^{3}1974.

Himmel, Hellmuth: Geschichte der deutschen Novelle. Bern, München: Francke, 1963.

Schmid, Karl: Conrad Ferdinand Meyer und die Größe. In: K. Sch., Unbehagen im Kleinstaat. Untersuchungen über Conrad Ferdinand Meyer, Henri-Frédéric Amiel, Jacob Schaffner, Max Frisch, Jacob Burckhardt. Zürich, Stuttgart: Artemis, 1963. S. 11–110.

Brunet, Georges: Conrad Ferdinand Meyer et la nouvelle. Paris: Didier, 1967. [Bibliogr. S. 537–557.]

Brückner, Hans-Dieter: Heldengestaltung im Prosawerk Conrad Ferdinand Meyers. Bern: Lang, 1970.

Hertling, Gunter H.: Religiosität ohne Vorurteil. Zum Wendepunkt in C. F. Meyers ›Das Amulett‹. In: Zeitschrift für deutsche Philologie, XC (1971) S. 526–545.

Löwenthal, Leo: Conrad Ferdinand Meyer – die Apologia des Großbürgertums. In L. L., Erzählkunst und Gesellschaft. Die Gesellschaftsproblematik in der deutschen Literatur des 19. Jahrhunderts. Mit e. Einl. von F. C. Tubach. Neuwied, Berlin: Luchterhand, 1971. S. 176–205.

Fehr, Karl: Conrad Ferdinand Meyer. Stuttgart: Metzler, 1971.

Jackson, David A.: Schadau, the satirized narrator, in C. F. Meyer's ›Amulett‹. In: Trivium, VII (1972) S. 61–69.

Zäch, Alfred: Conrad Ferdinand Meyer. Dichtkunst als Befreiung aus Lebenshemmnissen. Frauenfeld, Stuttgart: Huber, 1973. [»Das Amulett« S. 111–117.]

Hertling, Gunter H.: Conrad Ferdinand Meyers Epik. Traumbeseelung, Traumbesinnung und Traumbesitz. Bern, München: Francke, 1973. [Bibliogr. S. 205–208.]

Conrad Ferdinand Meyer in Selbstzeugnissen und Bilddokumenten. Dargestellt von David A. Jackson. Reinbek: Rowohlt, 1975.

Universitätsbibliothek • Salzburg

Der Verlag Philipp Reclam jun. Stuttgart dankt für die Nachdruckgenehmigung den Rechteinhabern, die durch den Quellennachweis oder einen folgenden Copyrightvermerk bezeichnet sind. Für einige Autoren waren die Rechtsnachfolger nicht festzustellen. Hier ist der Verlag bereit, nach Anforderung rechtmäßige Ansprüche abzugelten.

Erläuterungen und Dokumente

zu Kleist, *Das Käthchen von Heilbronn.* (Dirk Grathoff) 8139 [2]
zu Kleist, *Michael Kohlhaas.* (Günter Hagedorn) 8106
zu Kleist, *Der zerbrochne Krug.* (Helmut Sembdner) 8123 [2]
zu J. M. R. Lenz, *Die Soldaten.* (Herbert Krämer) 8124
zu Lessing, *Emilia Galotti.* (Jan-Dirk Müller) 8111 [2]
zu Lessing, *Minna von Barnhelm.* (Jürgen Hein) 8108
zu Lessing, *Nathan der Weise.* (Peter von Düffel) 8118 [2]
zu Th. Mann, *Tristan.* (Ulrich Dittmann) 8115
zu Meyer, *Das Amulett.* (Horst Martin) 8140
zu Mörike, *Mozart auf der Reise nach Prag.* (Karl Pörnbacher) 8135 [2]
zu Nestroy, *Der Talisman.* (Jürgen Hein) 8128
zu Schiller, *Don Carlos.* (Karl Pörnbacher) 8120 [3]
zu Schiller, *Die Räuber.* (Christian Grawe) 8134 [3]
zu Schiller, *Wallenstein.* (Kurt Rothmann) 8136 [3]
zu Schiller, *Wilhelm Tell.* (Josef Schmidt) 8102
zu Shakespeare, *Hamlet.* (Hans H. Rudnick) 8116 [3]
zu Stifter, *Abdias.* (Ulrich Dittmann) 8112
zu Stifter, *Brigitta.* (Ulrich Dittmann) 8109
zu Storm, *Der Schimmelreiter.* (Hans Wagener) 8133 [2]
zu Zuckmayer, *Der Hauptmann von Köpenick.* (Hartmut Scheible) 8138 [2]

Universitätsbibliothek Salzburg

In Vorbereitung:

zu Hauptmann, *Der Biberpelz.*
zu Hoffmann, *Das Fräulein von Scuderi.*

Philipp Reclam jun. Stuttgart